Bernd Janssen

Methodenvielfalt im Geschichtsunterricht

Mit Stundenentwürfen gegen Antisemitismus und Rechtsextremismus

WOCHEN
SCHAU
VERLAG

www.wochenschau-verlag.de

Umschlaggestaltung: Wochenschau Verlag/Ohl Design
Titelbild: © fewerton/stock.adobe.com
Gesamtherstellung: Wochenschau Verlag
Gedruckt auf chlorfrei gebleichtem Papier
Print-ISBN 978-3-7344-1648-4
PDF-ISBN 978-3-7566-1648-0 (PDF)
https://doi.org/10.46499/2412

Bibliografische Information der Deutschen Nationalbibliothek
Die Deutsche Nationalbibliothek verzeichnet diese Publikation in der Deutschen Nationalbibliografie; detaillierte bibliografische Daten sind im Internet unter http://dnb.d-nb.de abrufbar.

INHALT

Liebe Kollegin, lieber Kollege,

wenn Sie diese Schrift lesen, wird deutlich, dass die Verknüpfung traditioneller und vielfältig aktivierender Methoden zur Methodenvielfalt führt. Mein Verständnis eines auf Methodenvielfalt beruhenden Geschichtsunterrichts konkretisiere ich über Stundenentwürfe gegen Antisemitismus und Rechtsextremismus.

Sichtbar wird ein Unterricht, der zahlreiche Chancen eröffnet, um z. B.:

- den Frontalunterricht ein Stück weit zu reduzieren zu Gunsten von Möglichkeiten, die SchülerInnen vielfältig zu aktivieren,
- Wissensaneignung im Sinne des rezeptiven Lernens, aber auch kognitiv produktive Lernprozesse zu ermöglichen,
- die sachbezogene Auseinandersetzung mit einer Aufarbeitung ausgewählter Autobiographien zu verbinden,
- die Fähigkeit zur Analyse und zugleich empathiegeleitetes Verstehen aufzubauen,
- den SchülerInnen mehr Raum zu geben, sich zu zeigen und im historischen Rückblick und im Blick nach vorn eine demokratische Identität zu finden.

Wenn Sie Ihr Selbstverständnis von Unterrichtsmethodik in diesem Sinne erweitern, können Sie einen Geschichtsunterricht gestalten, in dem die SchülerInnen nach dem Grundsatz „Bildung braucht Tiefe" gefordert sind, sich intensiv mit historischen Themen zu befassen.

Ihr Bernd Janssen

1. DIE SUCHE NACH DEM FORTSCHRITT IM BEREICH UNTERRICHTSMETHODIK

Wenn ich meine eigene Schulzeit in einem Satz zusammenfassen sollte, so müsste ich sagen: Ich habe mich mühsam bis zum Abitur durchgekämpft, aber überwiegend dominierte die Erfahrung, dass ich mich im Unterricht vieler Fächer langweilte. Diese Grunderfahrung wurde für mich zum Motor, um in der Unterrichtsmethodik vieler Fächer neue Wege einzuschlagen.

Fragte ich Studierende an der Universität Hannover – angehende Lehrkräfte –, wie man ein Thema im Geschichtsunterricht behandeln sollte, hörte ich über viele Jahre hinweg sinngemäß folgende Antworten: Basis sei das an der Schule zugelassene Lehrbuch, einzelne Quellen oder Auszüge aus anderen Lehrbüchern könnten hinzugenommen werden. Im Zentrum stünde das Verstehen und Interpretieren von Texten und Bildmaterialien, die die Lehrkraft im ausgewählten Schulbuchkapitel thematisieren möchte. Ziel sei die Vermittlung von historischem Wissen, die Fähigkeit den Inhalt wiederzugeben und Fragen zur kritischen Analyse, ggf. auch zum Quellenvergleich, beantworten zu können. Am Ende stünde die Ergebnissicherung und von Zeit zu Zeit auch die Aufgabe die Lernenden zu Stellungnahmen herauszufordern. Wenn ich Glück hatte, wurde vereinzelt noch der Vorschlag einer Exkursion angeregt. Je länger ich dann auf die methodische Konkretisierung des Unterrichts drängte, desto spärlicher wurden ihre Antworten. Impulse wie Erfahrungsorientierung, Lernende vielfältig aktivieren, kreative Unterrichtsgestaltung, Lernziel Empathie, Lernen mit Kopf und Herz fanden wenig Resonanz. Der Horizont ihrer methodischen Phantasie war schnell erschöpft.

Den Studierenden war kein Vorwurf zu machen. Sie konnten sich nicht anders äußern, weil sie in ihrer eigenen Schulzeit selten anderes erlebt hatten. Trotz aller reformpädagogischen Bemühungen seit der Weimarer Zeit und der erziehungswissenschaftlichen Schulkritik in den letzten Jahrzehnten ist im deutschen Schulsystem in der Unterrichtsmethodik aus meiner Sicht bis heute kein grundlegender Fortschritt gelungen, allenfalls im Grundschulbereich und in den Freien Schulen dürfte die Bilanz positiver ausfallen. Zwar wurde gegen Ende des letzten Jahrhunderts in der Schulpädagogik und vielen Fachdidaktiken leidenschaftlich über die Chancen der Unterrichtsmethodik und ihre Weiterentwicklung diskutiert und entsprechende Konzepte in die Lehrerfortbildung eingebracht, aber ein substantieller Wandel konnte nicht erreicht werden. Mittlerweile ist selbst die Diskussion über das Thema Unterrichtsmethodik zu Gunsten anderer, selbstverständlich auch wichtiger Themen – Inklusion, Integration geflüchteter Kinder ohne deutsche Sprachkenntnisse, Digitalisierung, Lehrkräftemangel – seit vielen Jahren nahezu verstummt. Insofern ist diese Schrift der Versuch, den möglichen Fortschritt im Bereich Unterrichtsmethodik zu bewahren, zumindest für die historische Bildung.

Mein Ausgangspunkt bleibt die kritische Erkenntnis, dass die gängige Unterrichtsmethodik nicht nur im Fach Geschichte unverändert charakterisiert ist durch:

– eine ungebrochene Dominanz des Frontalunterrichts, verbunden mit einem hohen Maß an Lenkung durch die Lehrkraft. In den von der Lehrkraft gesteuerten Gesprächen verharren viele SchülerInnen häufig schweigend, die Lehrkraft dominiert verbal diese Gespräche – was auf Dauer sehr anstrengend ist und viele Lehrkräfte sehr gerne ändern würden. In den 32 Jahren, in denen ich Lehramtsstudierende in schulischen Praktika begleiten konnte, erlebte ich diese verbale Dominanz immer wieder. Die Studierenden reproduzierten m. E. die Gesprächskultur, die sie in ihrer Zeit als SchülerInnen erlebt hatten. Insofern ist der Umfang der verbalen Aktivierung der SchülerInnen in vielen Unterrichtsstunden unverändert entschieden zu gering. Eine kreative Methodik kann einen Ausweg aus dieser Problematik bieten;

- eine zu weitgehende Ausrichtung auf kognitive Lernprozesse, die sich um die Aneignung und Fähigkeit zur Wiedergabe von historischem Wissen zentrieren. Das rezeptive Lernen ist zu dominant (vgl. Klippert 2000, 19). Eine empirische Studie in der Sekundarstufe I ergab bereits vor Jahrzehnten, dass mehr als drei Viertel der Unterrichtszeit insgesamt fast ausschließlich der rezeptiven Wissensvermittlung dient (vgl. Hage u. a. 1985, 151, 141). Wenn man Fächer wie Sport, Kunst und Musik herausrechnet, dürfte die Bilanz für die anderen Fächer noch düsterer ausfallen. Insofern ist unverändert zu fordern: das kognitiv rezeptive Lernen ist zu reduzieren zu Gunsten kognitiv produktiver Lernprozesse;
- eine Verkopfung des Unterrichts, das heißt, die Schülerinnen und Schüler haben zu lernen, ihre Gefühle und Körper still zu stellen. Die Verkopfung des Unterrichts wird seit den Anfängen der Reformpädagogik in Deutschland beklagt. Gefühle und Körperbewusstsein, das Erleben von Lernsituationen und ganzheitliches Lernen kommen zu kurz, werden weitgehend in die Nischen von Projektwochen und Arbeitsgemeinschaften abgedrängt.

Deshalb wurde bereits vor Jahrzehnten in der Fachliteratur von der methodischen Monostruktur des Unterrichts gesprochen (vgl. Hage u. a. 1985, 147). Um Missverständnissen vorzubeugen: Nichts spricht gegen einen guten Frontalunterricht (vgl. Aschersleben 1999), durch Lehrkräfte gelenkte Gespräche, die Vermittlung von Fachwissen auf der Basis eines Schulbuchs, die Sicherung von Lernergebnissen usw. Aber zum Problem wird die traditionelle Unterrichtsmethodik, wenn sie alle anderen Varianten einer vielseitigen methodischen Unterrichtskultur vernachlässigt. Insofern lautet die konstruktive Kritik an der methodischen Monokultur im Geschichtsunterricht: Es fehlt die Beschränkung des Frontalunterrichts zu Gunsten von mehr Phasen, die von Schülern und Schülerinnen aktiv gestaltet werden. Das heißt:

- Wünschenswert ist die Integration von weiteren Methoden, die die SchülerInnen verbal aktivieren, ihnen häufiger das Wort geben.
- Der rezeptiven Ausrichtung auf Wissensvermittlung fehlt häufig die Verknüpfung mit Lernprozessen, in denen die Lernenden auf neuen Wegen vielfältig und kreativ aktiviert werden, um kognitiv produktive Leistungen erbringen zu können. Gesucht sind Methoden, die das schöpferische Potential der zu Unterrichtenden herausfordern und stärken.
- Der alltägliche Geschichtsunterricht braucht mehr Angebote, um der Verkopfung des Unterrichts entgegen zu wirken. Für mich zählen dazu Methoden, die auf eine kreative Rollengestaltung zielen, die die SchülerInnen intellektuell und emotional herausfordern, ihnen Leistungen der Empathie oder der häufig unterschätzten Produktivkraft Phantasie abverlangen und insofern ganzheitlich aktivieren. Solche Methoden bringen zugleich mehr Abwechslung in den Unterricht, können die Motivation der Lernenden fördern und das Lernklima positiv beeinflussen.

Insofern bestand und besteht weiterhin die Herausforderung, die traditionelle Methodik durch ein weiteres Methoden-Repertoire zu ergänzen, um die einseitige methodische Grundorientierung überwinden zu können. Ich habe nach und nach auf der Basis umfassender Recherchen in der schulpädagogischen und fachdidaktischen Literatur verschiedener Fächer ein Repertoire solcher Methoden aufgebaut und dieses über viele Jahre hinweg in zahlreichen Schulpraktika erproben lassen, in schulpädagogischen und fachdidaktischen Seminaren über 15 Jahre hinweg praktiziert und fächerbezogen diskutiert sowie in Examensarbeiten empirisch überprüfen lassen. Herausfordernd und anregend waren auch viele Workshops mit Lehrkräften, die häufig auf einen ganzen Tag angelegt waren. Zunächst leitete ich alle TeilnehmerInnen an, zahlreiche kreative Methoden zu erleben. In der verbleibenden Zeit wurden von mir entworfene Stundenentwürfe diskutiert. In diesen Fortbildungsveranstaltungen wurden einzelne Methoden von Zeit zu Zeit kritisiert oder Anregungen für eine sinnvolle Veränderung vorgetragen. Diese Rückmeldungen erfahrener Lehrkräfte haben mir sehr geholfen, mein Methoden-Repertoire immer wieder zu verbessern. Letztlich habe ich einige Methoden ganz verworfen, andere hinzugenommen, viele im Ablauf mehrfach verändert, nicht wenige um neue Varianten erweitert. Entstanden ist ein gründlich geprüftes Methoden-Repertoire, das allerdings fachbezogen einer unterschiedlichen Ausrichtung und Akzentuierung bedarf. In dieser Schrift habe ich mein Methoden-Repertoire zugeschnitten auf das Fach Geschichte.

Prinzipiell arbeite ich mit Methoden, die sich im Rahmen einer Einzelstunde sinnvoll realisieren lassen, nur einen geringen Arbeitsaufwand in der Vorbereitung erfordern und an die SchülerInnen bzw. Rahmenbedingungen des Unterrichts keine ungewöhnlichen Anforderungen stellen. **Realistische Pädagogik** bleibt auch auf diesem Gebiet meine Arbeitsmaxime.

Wenn Lehrkräfte im Fach Geschichte ihr Methodenrepertoire in diesem Sinne erweitern, steigen die Chancen, mit motivierten SchülerInnen intensive Lernprozesse gestalten zu können, zugleich die Lernenden nachhaltig zu aktivieren sowie die vorherrschende methodische Monokultur durch Methodenvielfalt zu ersetzen. Insofern liegt in der Unterrichtsmethodik ein erhebliches, bislang nicht hinreichend ausgeschöpftes Potential, um neue Wege zum guten Unterricht zu erschließen.

Das von mir zusammengestellte Methoden-Repertoire ist bezogen auf die Zukunft als ein offenes Konzept anzusehen; denn auch im Bereich Methodik gibt es keine endgültigen Wahrheiten. Insofern möchte ich sowohl ReferendarInnen als auch routinierte Lehrkräfte ermutigen, methodisch neue Wege zu gehen, zugleich auf ihre Phantasie und Intuition zu vertrauen und die Ausdifferenzierung und Erweiterung der in dieser Schrift präsentierten Methoden aktiv in den Blick zu nehmen.

Ich präsentiere 17 vielfältig aktivierende Methoden. Nach meinem schulpädagogischen Grundverständnis kann Literatur zur Unterrichtsmethodik am ehesten Kompetenz erweiternd wirken, wenn sie die Gestaltungskraft von Methoden im Kontext von Stundenentwürfen sichtbar macht. In dieser Schrift werden

Stundenentwürfe zum Thema „Das Leben und Leiden der jüdischen Bevölkerung in Europa" vorgestellt – für einen Unterricht **gegen** Antisemitismus und Rechtsextremismus.

Dieses Thema habe ich nicht zufällig gewählt. Nach meiner Überzeugung war unsere auf den Menschenrechten begründete Demokratie noch nie so bedroht wie zurzeit. Zahlreiche weitere Staaten befinden sich in einer ähnlichen Situation. Insofern sind jetzt alle demokratisch gesinnten Bürgerinnen und Bürger gefordert, an ihrem Platz Partei zu ergreifen gegen alle Bestrebungen, unsere auf der Verfassung beruhende politische Ordnung abzuschaffen. In Artikel 20, Absatz 4 unserer Verfassung wird formuliert: „Gegen jeden, der es unternimmt, diese Ordnung zu beseitigen, **haben alle Deutschen das Recht zum Widerstand**, wenn andere Abhilfe nicht möglich ist."

Ich habe meinem Freund Veit Bendixen und meiner Ehefrau Sabine Janssen zu danken, die vor dem Hintergrund ihrer jahrzehntelangen Unterrichtserfahrung in den Fächern Geschichte bzw. Deutsch und Politik zu den ersten Entwürfen dieser Schrift zahlreiche kritische Einwände und anregende Gegenvorschläge formulieren konnten. Ihre Kompetenz, ihre politische Grundhaltung und ihr Engagement haben die hier vorliegende Endfassung wesentlich geprägt.

2. SIEBZEHN VIELFÄLTIG AKTIVIERENDE METHODEN: CHANCEN FÜR EINEN LEBENDIGEN GESCHICHTSUNTERRICHT

Die Menschen stärken
und die Sache klären.

Hartmut von Hentig

Methodenvielfalt im Geschichtsunterricht wird erreicht, wenn es gelingt, die traditionellen Möglichkeiten der Wissensvermittlung bzw. der rationalen Analyse mit vielfältig aktivierenden Methoden zu verschränken, die die Schüler und Schülerinnen auf neuen Wegen kreativ herausfordern. Insgesamt stehen 17 Methoden zur Verfügung, die im folgenden Kapitel vorgestellt werden.

Auf die verbale Aktivierung und zugleich auf kognitiv produktive Leistungen zielen zahlreiche Methoden: Blitzlicht, Redekette, rollenbezogenes Interview, Standbild, gruppenorientierte Meinungsbildung, 2-Minuten-Rede, Sprechmühle, doppelte Diskussionsrunde, Streitgespräche, Gruppenlernen, Votum-Ei, Motorinspektion. Sechs Methoden eröffnen Chancen, schriftlich kognitiv produktive Leistungen zu erbringen: Schreibgespräche, gruppenorientierte Meinungsbildung, Ich-Texte, Spinnweb-Analyse, Phantasiereise, Enträtseln eines Textes.

Sieben Methoden (Standbild, rollenbezogenes Interview, rollenbezogenes Schreibgespräch, 2-Minuten-Rede, rollenbezogenes PartnerInnenstreitgespräch, Ich-Texte, Phantasiereise) sind auf eine kreative Rollengestaltung hin angelegt, fordern deshalb die Persönlichkeit der Lernenden hinsichtlich der intellektuellen und emotionalen Gestaltung einer Rolle heraus und fordern zugleich Leistungen der Phantasie und Empathie. Das damit mögliche ganzheitliche Lernen wirkt der Verkopfung des Unterrichts entgegen. Diese Methoden erfüllen, wie bereits erwähnt, auch die Funktion verbal oder schriftlich kognitiv produktive Leistungen heraus zu fordern – insofern sind diese sieben Methoden besonders attraktiv.

Die angestrebte Methodenvielfalt führt zu einer vielseitigen und gründlichen Auseinandersetzung mit dem jeweils konkreten Thema, das im Rahmen von Einzelstunde im Mittelpunkt steht. Der prinzipiell richtige didaktische Grundsatz **„Bildung braucht Tiefe“** wird damit einlösbar. Zugleich erleben die Lernenden einen solchen Unterricht als interessanter, weil abwechslungsreicher. Die Lernenden werden vielfältig aktiviert und produktiv gefordert, sodass sich die Lehrkraft ein Stück weit zurücknehmen kann. Ferner haben in solch einem Geschichtsunterricht mehr Schülerinnen und Schüler mehr Erfolgserlebnisse, da die Anforderungen an sie auf verschiedenen Ebenen liegen und damit die unterschiedlichen Fähigkeiten, die in einer jeden Klasse präsent sind, besser genutzt werden können.

Auch sollte die Bedeutung der vielfältig aktivierenden Methoden für das **Wir** – die Lerngruppe und ihre Dynamik – gesehen werden:

- Die Methoden Sprechmühle, Blitzlicht, Redekette, doppelte Diskussionsrunde, Gruppenstreitgespräch, Votum-Ei und Motorinspektion zielen von Vornherein auf die Gruppe als Ganzes, es sind Versuche, der Lerngruppe Raum und Ausdruck zu geben.
- Die Musik, die bei den Methoden Sprechmühle und Phantasiereise eingesetzt wird, schafft eine besondere Atmosphäre in der Klasse.
- Das sich Bewegen (Sprechmühle, Motorinspektion, Streitgespräche, gruppenorientierte Meinungsbildung, Standbild, Votum-Ei) bringt die Lerngruppe auch geistig in Bewegung.
- In der Anwendung kreativer Methoden, insbesondere bei den Methoden Standbild, rollenbezogenes Interview, rollenbezogenes PartnerInnenstreitgespräch, 2-Minuten-Rede und Ich-Texte zeigen die SchülerInnen mehr von sich, dies fördert

die wechselseitige Wahrnehmung und Akzeptanz in der Gruppe.

Eine schrittweise Integration dieses Methoden-Repertoires verbessert die alltägliche Unterrichtskultur vielfältig und nachhaltig. Mittlerweile kann ich mit zahlreichen erprobten Stundenentwürfen belegen, dass auf diesem Weg auch in den Fächern Deutsch, Religion, Politik mehr abwechslungsreiche, fachlich intensive und die SchülerInnen aktivierende Lernprozesse möglich werden (vgl. Janssen 2008, 2013, 2017, 2023).

Der von mir favorisierte Unterricht gelingt am besten, wenn die Klasse im Rechteck oder in Hufeisenform sitzt und der Tisch der Lehrkraft integriert ist – sodass alle Blickkontakt zueinander haben. Dann kann die Freifläche im Innenbereich von Zeit zu Zeit wie eine „Bühne" genutzt werden: z. B. für eine Sprechmühle oder gruppenorientierte Meinungsbildung oder Motorinspektion, ein Streitgespräch oder eine doppelte Diskussionsrunde, ein rollenbezogenes Interview, die Präsentation eines Standbildes … Solche auf der Freifläche gestalteten **Inszenierungsphasen** mischen sich in meinem Unterrichtsbild mit **frontal ausgerichteten Darbietungs- und Gesprächsphasen** und mit **kognitiv orientierten Arbeitsphasen** der SchülerInnen. Solche Arbeitsphasen können selbstverständlich mit traditionellen Arbeitstechniken, aber auch mit nachhaltig aktivierenden Methoden gestaltet werden. Die Verknüpfung dieser drei Phasen verschränkt traditionelle und vielfältig aktivierende Methoden miteinander und eröffnet ein breites Spektrum individueller Ausdrucksmöglichkeiten. Meine konkrete Utopie eines kreativen Geschichtsunterrichts, in dem z. B. die Streitkultur und die Kultur der Stille, das sich Bewegen und die intellektuelle Suchbewegung, die Auseinandersetzung mit ausgewählten Biographien und die sachbezogene Auseinandersetzung miteinander vernetzt sind, wird damit für die einzelne Lehrkraft zu einer machbaren Option im Unterrichtsalltag.

Gleichwohl ist mir über zahlreiche Workshops und Fortbildungsveranstaltungen mit Lehrkräften bewusst geworden, dass mein

Methoden-Repertoire zum Teil auf bestimmte Gegenargumente bzw. eine diffuse Abwehr stößt.

Häufig wird geäußert, für solche Methoden sei keine Zeit vorhanden. Der Einwand verkennt, dass vielfältig aktivierende Methoden inhaltsbezogen eingesetzt werden und niemals als Selbstzweck. Auch habe ich hier keine Methode berücksichtigt, die als sehr zeitintensiv gilt – wie z. B. das Stationenlernen oder die ganztägige Exkursion oder die Projektmethode.

Zeitweilig wird die Ablehnung damit begründet, dass man die Leistungen der SchülerInnen nicht bewerten könne. Ich verteidige mich dann mit dem Hinweis, dass in bestimmten Phasen des Unterrichts eine Leistungsbewertung erforderlich ist, aber es auch immer Phasen geben darf, die die historische Bildung fördern und zugleich frei von Leistungsbewertungen sind. Ferner darf nicht übersehen werden, dass zur Findung mündlicher Noten auch die Leistung eines aufgeführten Standbildes, rollenbezogenen Interviews, Gruppenstreitgespräches oder einer doppelten Diskussionsrunde bzw. einer 2-Minuten-Rede herangezogen werden kann. Selbstverständlich können auch alle schriftlichen Leistungen (z. B. Ich-Texte und Schreibgespräche) eingesammelt und bewertet werden.

Nicht selten wenden Lehrkräfte ein, dass ihre Schüler und Schülerinnen solche Methoden nicht wollten. Auf Nachfrage räumen sie ein, noch nie eine Sprechmühle, ein Standbild, ein rollenbezogenes Interview, eine 2-Minuten-Rede ... im Geschichtsunterricht eingesetzt zu haben. Sie können folglich nicht wissen, was sie abwehrend behaupten.

Nach meinen Erfahrungen flammt eine solche Kritik auf, wenn für die Lehrkräfte deutlich wird, dass sich ein methodisch vielfältiger Geschichtsunterricht nicht mit der kognitiven Vermittlung von Wissens- und Analyseelementen begnügt und zugleich die gängige verbale Dominanz der Lehrkraft deutlich reduzieren will. In dieser Situation setze ich zunächst auf die verbale Unterstützung durch jene TeilnehmerInnen, die von vornherein offen und optimistisch auf meine methodischen Angebote reagieren, verweise hartnäckig auf zahlreiche erfolgreich erprobte Stundenentwürfe und schließe solche Kontroversen nicht selten mit der Botschaft: „Erproben Sie eine begrenzte Auswahl vielfältig aktivierender Methoden Schritt für Schritt. Ich wünsche Ihnen, dass Sie erleben, dass ein methodisch lebendiger Geschichtsunterricht **die Freude am Lehren und Lernen** nachhaltig steigert und qualifizierte Leistungen auf verschiedenen Ebenen sichtbar werden."

3. METHODENVIELFALT GESTALTEN

Der erste Schritt zur Schulreform
ist die Erneuerung der Methoden- und Unterrichtskultur.
Hilbert Meyer

Sechs ermutigende Äußerungen vorweg:

- Das ausgewählte Lehrbuch für das Fach Geschichte kann in der Regel die Unterrichtsbasis bleiben. Aber die Lehrkraft wird gefordert, in die Arbeit mit dem jeweiligen Schulbuch-Kapitel kreative Methoden einzubeziehen. Diese Umorientierung eröffnet den Weg zur Methodenvielfalt und führt zugleich zu einem Mehr an SchülerInnenaktivierung, an Erfahrungsorientierung und Kreativität in den Lernprozessen. Der Arbeitsaufwand für diese methodische Umorientierung ist gering; die Kurskorrektur selber kann schnell in Routine übergehen.
- Bei den meisten historischen Themen lassen sich zahlreiche aktivierende Methoden problemlos anwenden und mit traditionellen Methoden sinnvoll kombinieren.
- Gerade bei Klassen, die – aus welchen Gründen auch immer – dem Geschichtsunterricht wenig Interesse entgegenbringen, kann auf diesem Weg neue Motivation aufgebaut werden.
- Ein lebendiger Unterricht, intensive Lehr- und Lernprozesse und ein gutes Lernklima gehören zu den realistischen Perspektiven eines auf Methodenvielfalt gründenden Geschichtsunterrichts.
- Alle Methoden können Brücken schlagen zwischen dem konkreten Thema und dem Ich der Lernenden. Insofern beachtet mein Methodenrepertoire die zentralen Gütekriterien für ei-

nen guten Geschichtsunterricht, die der Geschichtsdidaktiker Gautschi auf der Basis einer quantitativen und qualitativen Untersuchung von videographierten Geschichtsstunden ermittelt hat: „Bezogenheit des Themas auf die Lernsituation der Lernenden“ und „Gewährleistung von anregenden, aktivierenden ... Lerngelegenheiten“ (Gautschi 2009, 242).

- Der berechtigte Anspruch, dass Schule und Unterricht zum Gelingen von Demokratie beitragen sollen, wird durch die hier präsentierten Methoden ein Stück weit einlösbar: Sie fördern den Mut und die Fähigkeit, eine eigene Meinung argumentativ zu vertreten, eine demokratische Streitkultur und die Erziehung zur Toleranz.

Drei Warnungen vorweg:

- Häufig sind die hier aufgeführten Methoden einer Klasse unbekannt. Folglich sollten sie behutsam und Schritt für Schritt eingeführt werden. Wird die Unterrichtskultur zu schnell wesentlich verändert, ist mit Verunsicherung und Abwehrverhalten auf Seiten der Lernenden zu rechnen. Vorrangig sollten Lehrkräfte aktivierende Methoden einsetzen, die sie nach der Lektüre der folgenden Kapitel relativ optimistisch einschätzen. Bei einem Zuviel an Zweifeln und innerem Unbehagen ist das Scheitern der ersten Schritte ein Stück weit vorprogrammiert – auch weil die SchülerInnen sehr schnell spüren, wenn eine Lehrkraft mit ihrer eigenen Unterrichtsgestaltung nicht identifiziert ist.
- Auch wenn die Klasse mit den Möglichkeiten aktivierender Methoden vertraut ist, dürfen diese nicht zu Lasten traditioneller Methoden überdosiert werden. Es wäre z. B. fatal, jeden zweiten Text verrätselt in den Unterricht einzubringen oder jede zweite Geschichtsstunde mit einer Sprechmühle zu gestalten.
- Vielfältig aktivierende Methoden können im pädagogischen Alltag – wie jeder methodische Ansatz – scheitern. Hier helfen nur Geduld, eine sorgfältige Analyse des Scheiterns, der Mut zur Wiederholung unter pädagogisch reflektierten Bedingungen.

Das Blitzlicht

Das Blitzlicht erhellt wie ein Blitz das Meinungsspektrum in der Klasse. Die SchülerInnen können die positive Erfahrung machen, dass ihre Meinung zählt. Am besten sitzen alle im Kreis oder im Rechteck, aber auch bei einer anderen Sitzordnung ist die Methode machbar.

Typische Impulse für ein Blitzlicht sind z. B.: Wie interessant ist für dich das Thema ...? Welche Meinung hast du zu dieser Überzeugung oder historischen Entscheidung? Inwieweit kannst du zum vorliegenden Ausschnitt einer Rede Gegenargumente aufzeigen? Wie interpretierst du die gezeigten Wahlplakate aus der Weimarer Zeit? Welche Fragen hast du noch zum Unterrichtsthema? Sinn machen auch Satzanfänge wie z. B.: ich möchte noch wissen, ich möchte einmal erkunden ...

Der Aufforderung zum Sprechen sollte eine kurze Phase des individuellen Nachdenkens vorangehen. Dann wird ein Gegenstand – z. B. ein Tennisball – herumgereicht. Wer den Gegenstand in seinen Händen hält, hat das Recht – nicht die Pflicht – mit einigen Sätzen (möglichst in der Ich-Form) auf den konkreten Impuls zu antworten, die anderen haben in dieser Situation kein Rederecht. Wer das Angebot nicht wahrnehmen will, gibt den Gegenstand schweigend weiter. Manchmal kann es sinnvoll sein, nach der Hälfte des Durchgangs den Impuls zu wechseln, weil sich die Äußerungen zu sehr wiederholen.

In der Blitzlicht-Phase verhält sich die Lehrkraft schweigend. Am Ende sollte sie entscheiden, ob ein eigener Kommentar angebracht ist oder einige Äußerungen näher besprochen werden sollten.

Die Methode schlägt Brücken zwischen dem Thema und dem Ich der Lernenden. Guter Unterricht benötigt Zeit zur Reflexion, Selbstreflexion und Stellungnahme.

Die Redekette

Bei der Redekette sitzen alle im Kreis oder im Rechteck, aber diese Methode kann auch mit einer anderen Sitzordnung durchgeführt werden. Die Lehrkraft formuliert einen offenen Impuls, in der Regel eine auf Interpretation oder Meinungsbildung angelegte Fragestellung, z. B.: Wie interpretierst du die hier vorliegenden Auszüge aus Hitlers Rede am 2.12.1938 in Reichenberg über die Jugenderziehung? Oder: Wie denken wir heute über das Thema Erziehung der Jugend? Wer sich äußern möchte, muss sich melden. Die Lehrkraft ruft den ersten Lernenden auf, dieser nach seiner Antwort den nächsten usw., sodass nach und nach eine Redekette entsteht.

Es kann vereinbart werden, dass auch jene aufgerufen werden, die sich nicht gemeldet haben. Die Regel, dass Jungen und Mädchen abwechselnd aufzurufen sind, kann sinnvoll sein. Zulässig ist, dass einige mehrfach zu Wort kommen und sich Beiträge nicht mehr direkt auf den ursprünglichen Impuls, sondern direkt auf Beiträge aus der Gruppe beziehen, sodass zeitweilig eine kurze Diskussion zwischen einigen Lernenden entstehen kann.

Die Lehrkraft sollte während der Redekette schweigen, kann sich aber Notizen machen. Sie entscheidet über den richtigen Zeitpunkt, dieses schülerzentrierte Gespräch zu beenden, um es ggf. mit einem neuen Impuls wieder zu eröffnen oder mit einem Kommentar oder einem Gespräch über einzelne Beiträge zu vertiefen. Allerdings kann sie auch eingreifen, wenn die vereinbarten Regeln nicht mehr eingehalten werden oder der Bezug zur Fragestellung verloren geht.

Eine Redekette gibt der Lerngruppe das Wort, schlägt Brücken zwischen dem Ich und dem Thema, klärt Positionen in der Klasse und kann die Ausdrucksfähigkeit der Klasse fördern. Zugleich kann sich die Lehrkraft ein Stück weit zurücknehmen und beobachtend teilnehmen.

Gruppenorientierte Meinungsbildung

Die Lernenden sitzen zu viert oder fünft an Gruppentischen. Die Lehrkraft präsentiert oder verteilt einen Schulbuchausschnitt oder eine Quelle, z. B. eine Karikatur aus der Weimarer Zeit, ein Zitat oder den Ausschnitt einer Rede von Churchill oder Hitler, den Brief eines Soldaten, der im Dezember 1942 aus Stalingrad an seine Familie in Berlin geschickt wurde. Darunter stehen eine oder mehrere Fragen bzw. Aufgaben im Sinne einer Interpretation oder Stellungnahme oder kritischen Hinterfragung. Die Lehrkraft fordert alle auf, in Einzelarbeit schweigend Antworten zu finden und diese gut lesbar zu notieren. Nach ca. 10 Minuten werden alle aufgefordert, um den eigenen Gruppentisch herumzugehen, schweigend die Antworten der anderen zu lesen und Kommentare oder Ergänzungen oder Fragen einzutragen – ebenfalls ca. 10 Minuten. Dann nehmen alle wieder ihren Platz ein und lesen die Rückmeldungen der anderen. Danach folgt an den Gruppentischen eine Aussprache über die unterschiedlichen Meinungen, ggf. mit der Aufgabe sich möglichst auf einen begründeten Standpunkt zu einigen. Abschließend ist eine Aussprache im Plenum sinnvoll. In der Regel erfordert diese Methode eine ganze Stunde. Soweit soviel Zeit nicht zur Verfügung steht, kann nach der Einzelarbeit sofort die Aussprache an den Gruppentischen folgen, das heißt die Phase, um den Gruppentisch herumzugehen und schweigend Fragen oder Kommentare zu den Antworten der anderen einzutragen, wird übersprungen.

Diese Methode verknüpft individuelles Nachdenken, Situationen, in denen schweigend geschrieben wird, eine zielgerichtete Diskussionskultur und ggf. auch das sich Bewegen miteinander – sie fördert das kooperative und schülerorientierte Lernen, wird im Unterrichtsalltag häufig sehr intensiv erlebt und eröffnet viele Chancen eine Klasse nachhaltig zu aktivieren.

Schreibgespräche

Das Schreibgespräch ist ein schriftlicher Dialog. Die SchülerInnen kommunizieren in Zweiergruppen schriftlich und schweigend miteinander, um z. B. einen Schulbuchtext zu interpretieren oder ihn unter einer bestimmten Fragestellung kritisch zu hinterfragen oder um zur zentralen Botschaft des Textes begründet Stellung zu nehmen.

Die Arbeitsanweisung lautet in der Regel: Schreibt abwechselnd und schweigend zum Thema und nehmt aufeinander Bezug. Schreibt leserlich! Das Schreibgespräch kann in zwei Spalten nebeneinander geführt werden oder in zwei verschiedenen Farben untereinander. Hilfreich ist es, wenn die Schüler und Schülerinnen ihre Beiträge durchgehend mit Ziffern nummerieren.

Wenn sich abzeichnet, dass viele Paare fertig sind – mal sind 5 bis 10 Minuten hinreichend, manchmal sind 15 Minuten erforderlich -, sollte die Lehrkraft die Schreibphase mit einer konkreten Anweisung beenden, z. B.: „Schreibt den gerade angefangenen Satz zu Ende und beendet dann das Schreibgespräch." Anschließend sollten viele Dialoge vorgelesen und reflektiert werden. Von Zeit zu Zeit ist es angebracht, die Leistungen der Schreibgespräche zu bewerten.

Eine besondere Variante ist das **rollenbezogene Schreibgespräch**. Die Zweiergruppen übernehmen vorgegebene Rollen – die ihnen in einem historischen Kontext „begegnen" – und führen ihren schriftlichen Dialog in diesen Rollen. So könnten Lernende z. B. die Rollen eines älteren jüdischen Ehepaars, zusammengedrängt mit vielen anderen Juden in einem Viehwaggon, Teil eines Zuges, der sie von Hannover ins Rigaer Ghetto deportiert, übernehmen und ein rollenbezogenes Schreibgespräch führen – Thema: Wir haben Angst und Hoffnung. Diese Variante kann die emotionale und empathiegeleitete Auseinandersetzung mit historischen Themen vertiefen - insbesondere im Bereich Alltagsgeschichte.

Schreibgespräche ermutigen auch jene, die sich im Plenum nicht trauen aktiv mitzuarbeiten. Diese Methode will alle gleichzeitig aktivieren, fördert die sprachliche Ausdrucksfähigkeit und das kooperative Lernen. „Die Kultur der Stille ist eine verbindliche positive Rahmenbedingung, die es zunächst einmal ermöglicht in aller Ruhe zu denken, konzentriert und unbeeinflusst zu formulieren und darüber hinaus Chancen auf eine intensive Interaktion in der Schreibsituation eröffnet“ (Janssen 2008, 38).

Die Sprechmühle

Die Sprechmühle ist eine Methode, die eine dialogische Kommunikation der SchülerInnen untereinander fördert und zugleich im Hinblick auf einen konkreten Text oder bestimmtes Bildmaterial Möglichkeiten zur Interpretation – manchmal auch zur Stellungnahme – eröffnet. Voraussetzung für den Einsatz dieser Methode im Geschichtsunterricht ist, dass die Schülerinnen und Schüler durch Fragen, die in die Sprechmühle eingegeben werden, nicht überfordert werden. Insbesondere eignet sich diese Methode als Einstieg. Sie erfordert ungefähr 15–20 Minuten.

Die Lehrkraft muss sich vor Unterrichtsbeginn für eine ruhige oder themenbezogene Hintergrundmusik entscheiden und sich drei bis vier hinreichend offene Fragen bzw. Aufgaben überlegen. Interpretative Fragen könnten z. B. in Hinblick auf einen Text lauten:

- Wer hat den Text verfasst und an wen richtet sich dieser Text?
- Was sind die wesentlichen Textaussagen und inwieweit werden diese begründet?
- In welchen größeren historischen Zusammenhang lässt sich dieser Text einordnen?

Der ausgewählte Basistext – z. B. ein Ausschnitt aus einer Rede, aus einem zwischenstaatlichen Vertrag, einem revolutionären Aufruf, einem Parteiprogramm ... – wird zu Stundenbeginn präsentiert, aber in der Regel allenfalls kurz zum Gegenstand eines Gesprächs im Plenum.

In der Mitte des Klassenraums wird eine vorhandene Freifläche genutzt oder geschaffen. Die Lehrkraft erklärt den Ablauf:

Alle sollen, während im Hintergrund Musik abgespielt wird, auf der Freifläche umherschlendern wie auf einem Marktplatz. Sobald die Musik stoppt, wenden sich alle einem/r Partner/in zu, der/die gerade in der Nähe steht. Danach stellt die Lehrkraft die erste Deutungsfrage zum Basistext. Die Aufgabenstellung wird in allen Zweiergruppen etwa 2-3 Minuten diskutiert. Dann „setzt die Musik wieder ein, das Umherschlendern beginnt wieder, wird nach einiger Zeit unterbrochen, und der oben beschriebene Ablauf fängt erneut an [...]. Wir haben noch nie erlebt, dass eine Lerngruppe sich geweigert hätte mitzumachen, was ja auch angesichts der geringen Zumutbarkeitsrate nicht zu erwarten ist." (Greving/Paradies 1996, 163–164)

Eine andere Variante der Sprechmühle wäre: mit einer Vorgabe – z. B. wer jünger ist – wird geklärt, wer A ist und wer B ist. A spricht dann zur Aufgabe, B soll schweigend zuhören. Anschließend werden die B-SchülerInnen aufgefordert, das von A Gesagte zusammenzufassen und ggf. zu korrigieren bzw. zu ergänzen.

Anschließend ist zu entscheiden, wie die wesentlichen Ergebnisse der Sprechmühle im weiteren Lernprozess aufgegriffen werden können. Häufig bietet es sich an, nach dem Ende der Sprechmühle die Fragen bzw. Aufgaben nacheinander im Plenum durchzusprechen – um einen Wissens- oder Meinungsaustausch zu ermöglichen, um Streitfragen zu klären und ggf. zentrale Ergebnisse gemeinsam zu sichern.

Was ist das Besondere an der Methode „Sprechmühle"? Die Lernenden bewegen sich, ihre Körpersprache ist gefordert, die Hintergrundmusik schafft eine besondere Atmosphäre, die PartnerInnensuche ist ein gruppendynamischer Anreiz, alle können sich äußern, in der abgeschirmten Zweiergruppe sind Spontanität und eine möglichst überzeugende Selbstdarstellung gefordert, die Lehrkraft tritt in den Hintergrund. Fast jede unterrichtsmüde Klasse lässt sich über diese Methode neu motivieren und aktivieren. Für die Weiterarbeit am konkreten Thema entsteht eine breite Palette von themenbezogenen SchülerInnenäußerungen.

Die doppelte Diskussionsrunde

Diese Methode ist aus einer kritischen Diskussion über die Fishbowl-Methode (vgl. Mattes 2002, 54) entstanden. Aus meiner Sicht sollten ca. sechs SchülerInnen unter Leitung der Lehrkraft auf einer Freifläche – am besten in der Mitte des Raums – über ein konkretes Thema diskutieren, z. B. über das Thema Anpassung oder Widerstand, konkretisiert durch die Frage: Hätten die deutschen Polizeitruppen 1941 die Anweisung Zehntausende jüdische Zivilisten 1941/42 in den Wäldern in der Nähe von Riga zu erschießen, verweigern können oder war es in der damaligen Zeit unmöglich, sich einer solchen Anweisung zu widersetzen? Die Gruppe sitzt und diskutiert im Kreis, alle anderen werden zu BeobachterInnen. Ein Platz bleibt in der Diskussionsrunde unbesetzt, sodass andere SchülerInnen diesen Platz spontan kurz einnehmen können, um eine Frage oder kurze Meinungsäußerung einzubringen. Grundsätzlich sind alle anderen SchülerInnen beobachtend tätig, um sich unter Beachtung der Diskussionsbeiträge eine eigene begründete Meinung zu bilden oder – soweit bereits vorhanden – diese zu überprüfen.

Nach ca. 10–15 Minuten schließt die erste Diskussionsrunde. Es folgt eine zweite zum Thema, aber jetzt mit der ganzen Klasse – allerdings sollte jetzt die Lehrkraft bevorzugt diejenigen aufrufen, die in der ersten Runde den Beobachtungsstatus innehatten. Der zweite Durchgang benötigt in der Regel etwa so viel Zeit wie die erste Diskussionsrunde.

Manchmal kann es reizvoll sein, zwei SchülerInnen zu beauftragen, die erste Diskussion unter bestimmten Fragen zu beobachten, z. B.: Reden alle verständlich? Können alle in Ruhe ausreden? Bleiben sie beim Thema? Dann läge es nahe, in der zweiten Diskussionsrunde zunächst den BeobachterInnen das Wort zu erteilen. Diese Rückmeldungen können das zukünftige Diskussionsverhalten aller fördern. Darüber hinaus ist die zentrale Zielsetzung dieser Methode, die SchülerInnen zu befähigen, eigene Überzeugungen zu finden oder zu überprüfen, diese argumentativ und überzeugend vertreten, aber auch andere Meinungen respektieren zu können. Insofern eröffnet die Methode

Chancen, eine demokratische Streitkultur und Toleranz zu fördern.

Das rollenbezogene Interview

Das rollenbezogene Interview ist ein Grenzfall zwischen den methodischen Möglichkeiten „Rollenspiel“ und „Interview“. Hier übernehmen SchülerInnen spielerisch die ReporterInnenrolle, um den Autor/die Autorin, die Schlüsselperson(en) oder Randfigur(en) eines Textes oder Gestaltende oder Erleidende einer historischen Situation zu interviewen. So kann z. B. ein autobiographischer Text über den Alltag im Todeslager Auschwitz zu einem Interview mit dem Autor oder einzelnen im Text präsentierten Häftlingen führen. Oder: In Kenntnis der Aktivitäten der Geschwister Scholl kann mit ihnen ein Interview über ihre politischen Aktionen „gespielt“ werden.

Bei dieser Methode kommen folgende fachdidaktische Prinzipien zum Tragen: exemplarisches Lernen, forschend-entdeckendes Lernen, SchülerInnenorientierung (vgl. Wenzel 2017, 136).

Ausgangspunkt ist in der Regel eine themenbezogene Informationsbasis. Ein rollenbezogenes Interview kann die Auseinandersetzung mit dem konkreten Thema ergänzen, vertiefen, neue Aspekte sichtbar machen, zugleich die sprachliche Ausdrucksfähigkeit fördern. Gefördert wird auch die Fähigkeit, sich in Rollen zu präsentieren. Gefordert sind Einfühlungsvermögen, kritisches Hinterfragen, verbale Hartnäckigkeit in der ReporterInnenrolle, Empathie, rollengerechte Sprache, Mimik und Gestik sowie Spontaneität in der Rolle der Befragten. Manchmal fallen ReporterInnen bzw. ihre InterviewpartnerInnen mimisch oder verbal kurzfristig aus der Rolle, meistens kehren die SpielerInnen kurzfristig wieder ernsthaft in ihre Rolle zurück.

Das Ablaufschema lautet in der Regel – wie im klassischen Rollenspiel – Vorbereitung – Aufführung – Reflexion.

Die Vorbereitung auf die ReporterInnenrolle und die weitere(n) Rolle(n) kann im Plenum, über Rollenkarten und/oder Kleingruppen erfolgen. Für den Erfolg solcher Interviews ist es erforderlich, dass die ReporterInnen über eine solide Basis an zentralen Fragen bzw. Gesprächsimpulsen verfügen. Wichtig ist, dass als ReporterInnen zunächst SchülerInnen gewählt werden, die über ein Mindestmaß an verbalem Geschick verfügen. Grundsätzlich ist es sinnvoll, diese Rolle doppelt zu besetzen, dann gerät das Interview nicht so leicht ins Stocken.

Zur Aufführung des Interviews benötigt man ein wenig Platz. Manchmal kann es reizvoll sein, das Interview mit einem Tonträger aufzunehmen. Die ZuschauerInnen können einen Beobachtungsauftrag erhalten, z. B. in Form der Frage: Wie realistisch äußern und verhalten sich die Beteiligten? Den richtigen Zeitpunkt zum Abbruch eines rollenbezogenen Interviews muss die Lehrkraft bestimmen.

Ich empfehle, das erste rollenbezogene Interview von der Lehrkraft gelenkt auf den Weg zu bringen: Im Plenum thematisch sinnvolle, beantwortbare und hinreichend offene Leitfragen sammeln und individuell aufschreiben lassen – die Rollen an redegewandte Freiwillige vergeben und kurz vorbesprechen – die Spielfläche herrichten – das Interview mit kurzen einstimmenden Worten starten. Dann wird das Interview aufgeführt, zum „richtigen" Zeitpunkt von der Lehrkraft beendet und gemeinsam reflektiert (Was hat gefallen? Was könnte noch besser werden?).

Die 2-Minuten-Rede

Die 2-Minuten-Rede ist von der Vorbereitung bis zum Feedback ein spannender Prozess und vielfältig anwendbar: Die Interpretation einer historischen Quelle oder eines Schulbuchtextes unter einer bestimmten Fragestellung, die Stellungnahme zu einem besonderen Erlebnis oder zu einer historisch bedeutsamen Entscheidung oder zu einer politischen oder ökonomischen Krise – z. B. in der Zeit der Weimarer Republik –, der Lebensweg einer geschichtlich bedeutsamen Persönlichkeit ... können als Kurzrede präsentiert werden. Die didaktisch gewollte Zeitvorgabe erfordert, die wesentlichen Botschaften in kurzen, schlüssig aufeinander aufbauenden Sätzen zu formulieren.

Falls die Lehrkraft, die Deutsch oder Politik oder Kunst unterrichtet, dafür gewonnen werden kann, auch mit der Methode 2-Minuten-Rede zu arbeiten, können solche Kurzreden zügiger erfolgreich gelingen.

Die Vorbereitung von Kurzreden kann in Partner- oder Gruppenarbeit über einen Zeitraum von ca. 20 Minuten (oder als Hausaufgabe) erfolgen. Hilfreich sind die folgenden Hinweise:

- „Der erste und letzte Satz sollten im Wortlaut ausformuliert sein.
- Alle anderen Sätze – kurz und verständlich – sollten im Interesse einer freien Rede nur in Stichworten aufgeschrieben werden.
- Der einleitende Satz, der Neugierde oder Betroffenheit provozieren sollte, die folgenden Stichworte und der Schlusssatz, der im Idealfall alle Aussagen bündelt oder die Kernbotschaft noch einmal pointiert hervorhebt, sollten auf einer DIN-A5-Karte festgehalten werden." (Janssen 2008, 39)

2-Minuten-Reden sollten stehend gehalten werden und ein Lernender könnte die Redezeit stoppen. Die Lehrkraft kann vor Beginn einer Rede einige Beurteilungskriterien als Beobachtungsaufträge vergeben, z. B.: Verständlichkeit, Qualität der Argumente oder Beispiele, das Sprechtempo, Mimik und Gestik, die Wirkung des ersten und letzten Satzes auf die Zuhörenden. Das Lampenfieber zu Beginn einer Präsentation in der RednerInnenrolle ist als eine normale Begleiterscheinung zu akzeptieren, aber ein häufiger Blickkontakt zur Klasse ist trotzdem wünschenswert.

In der Regel halten mehrere SchülerInnen nacheinander eine 2-Minuten-Rede zu einem Thema oder zu verschiedenen Themen bzw. Teilthemen. Eine Variante ergibt sich, wenn mehrere **Kurzreden in historischen Rollen** präsentiert werden. In der Reflexionsphase sollten die folgenden Fragen Beachtung finden: Inwieweit gelang es, sich in die RednerInnen-Rolle einzufühlen und diese glaubhaft zu verdeutlichen? Welche neuen Sichtweisen, Gesichtspunkte oder Argumente wurden präsentiert?

Die Zuhörenden sollten mündlich dem/der Redner/in ein kurzes, zunächst positives Feedback geben. Kritische Rückmeldungen der MitschülerInnen bzw. der Lehrkraft sollten der Belastungsgrenze des Redners/der Rednerin Rechnung tragen.

Die 2-Minuten-Rede fördert die Befähigung zur freien Rede – die freie Rede war das Bildungsideal der Antike – und zur Präsentation. Zugleich sensibilisiert sie für die Fremd- und Selbstwahrnehmung und stärkt ein selbstbewusstes Auftreten. Auf der Inhaltsebene sind Kurzreden hilfreich zur Wissensvermittlung, für die Präsentation begründeter Stellungnahmen, die Annäherung an historische Persönlichkeiten, als Basis für die Überprüfung des Gelernten.

Ich-Texte

Das Verfassen von Ich-Texten im Geschichtsunterricht kann bedeuten: Die Lernenden gehen innerlich in eine Rolle hinein, die ihnen im Regelfall über ein Bild oder einen Text präsentiert wird, und versuchen aus der Perspektive dieser übernommenen Rolle ihren Ich-Text zu schreiben.

Eine Reportage über die Flucht Deutscher über Frankreich, Spanien und Portugal aus dem Herrschaftsbereich der Nazis in die USA kann in den Arbeitsauftrag umgesetzt werden: Schreibe im Namen eines Geflüchteten, der dir in der Reportage begegnet ist, einen Brief an seine Freundin in den USA, einen Brief, den er hoffend auf die Ankunft eines Schiffes, das seine Rettung sein kann, in Lissabon schreibt – ein Brief, der seine Gedanken und Gefühle, seine Probleme und Phantasien deutlich macht.

Entscheidend für die Wahl der Methode Ich-Texte ist, dass das als Ausgangspunkt gewählte Text- oder Bildmaterial Lebenssituationen oder das Handeln Einzelner aufgreift, das heißt, personenbezogen geprägt ist. Nicht erforderlich ist, dass die Person, die zur Textproduktion herausfordern soll, im Mittelpunkt eines zuvor gelesenen Textes oder betrachteten Bildes steht. Im Gegenteil: Es gehört geradezu zu den Chancen dieses Verfahrens, Personen, die nur am Rande erwähnt oder gezeigt werden, in den Vordergrund zu rücken. So kann es z. B. reizvoll sein, einen Text, in dem es fast ausschließlich um Männer geht, durch die Produktion von Ich-Texten zu ergänzen, die von einer weiblichen Nebenfigur als Bezugspunkt der geforderten Identifikation ausgehen.

Wenn SchülerInnen Ich-Texte produzieren, müssen sie sich einfühlen und ggf. mitfühlen. Sie lernen, in den „Schuhen" eines anderen zu denken und zu empfinden. Empathie ist die Brücke zum Du. Ohne die Fähigkeit der Empathie können sich wünschenswerte Haltungen wie Mitmenschlichkeit und Solidarität nicht entfalten. Diese Methode vertieft den biographischen Zugang zu zahlreichen Themen der historischen Bildung, ohne die Bedeutung sachorientierter Zugänge verdrängen zu wollen. Insbesondere in dem Themenfeld „Minderheiten und Rassismus" bietet diese Vorgehensweise besondere Chancen, um wünschenswerte Haltungen zu fördern.

Bei der Auswertung von Ich-Texten ist es zunächst interessant zu erfahren, wie unterschiedlich die in Einzelarbeit verfassten Texte ausgefallen sind. Wesentlich für die Reflexion ist in der Regel die Frage, inwieweit die Texte mit den subjektiven Befindlichkeiten und den historischen Umständen der gewählten Rolle übereinstimmen. Deutliche Abweichungen sind damit zugleich Impulse für eine aufklärende Weiterarbeit am Thema.

Die Phantasiereise

Phantasie ist wichtiger als Wissen,
denn Wissen ist begrenzt.

Albert Einstein

Die Phantasiereise wird in den pädagogischen Disziplinen sehr kontrovers diskutiert, auch in der Geschichtsdidaktik (vgl. Schneider 2018, 134). Ich empfehle sie ausschließlich als eine inhaltsbezogene Methode, um das Einfühlungsvermögen in eine konkrete historische Situation zu fördern und darauf bezogene Phantasien freizusetzen. Phantasiereisen im Geschichtsunterricht sind

Reisen in die Vergangenheit. Die SchülerInnen werden gefordert, die Rolle einer anderen Person einzunehmen, sich in diese und ihr Umfeld einzufühlen. Nach zahlreichen Experimenten mit verschiedenen Abläufen bin ich davon überzeugt, dass in der Institution Schule nur eine Vorgehensweise erfolgreich ist, die auf jede Verfremdung des schulischen Alltags verzichtet – z. B. den Raum zu verdunkeln und alle aufzufordern, sich entspannt auf den Fußboden zu legen -, die bei der Abfassung des Textes einer Phantasiereise immer das Ziel Empathie im Blick behält und in der Schlussphase mit der Methode Ich-Texte eine doppelte Chance für die SchülerInnen eröffnet, sich in eine andere Person und ihr historisches Umfeld einzufühlen.

Der folgenden Phantasiereise kann eine kurze Informationsphase über die Kinderarbeit in England zu Beginn der Industrialisierung vorangehen, ebenso eine Erklärung der Begriffe Stollen, Petroleumlampe, Spitzhacke, Vorarbeiter. Hilfreich zur Orientierung sind auch einige Informationen zum Ablauf der Phantasiereise.

Alle sollten am Anfang so entspannt wie möglich sitzen und möglichst die Augen schließen. Im Hintergrund ertönt sanfte Instrumentalmusik. Hilfreich ist ein Schild vor der Tür: *Bitte nicht stören.* Die Lehrkraft spricht langsam und mit Pausen, während die Musik weiterläuft, den Text einer Phantasiereise, z. B.:

In deinem Kopf machst du jetzt eine kleine Zeitreise. Ab jetzt bist du nicht mehr ein(e) Schüler(in) in Deutschland, sondern ein(e) 14 Jahre alte(r) Jugendliche(r) im Jahr 1845. Du lebst in England, aber darfst nicht zur Schule gehen, sondern musst den ganzen Tag schwer in einem Bergwerk arbeiten ...

Im Moment ist es 12 Uhr Mittag. Draußen scheint die Sonne, aber du bist in einem Bergwerkstollen tief unter der Erde. Um dich herum ist es fast völlig dunkel, nur das schwache Licht einiger Petroleumlampen zeigt dir, wie es im Stollen aussieht ...

Die Luft ist stickig und feucht. Von der Decke und den Wänden tropft das Wasser. Du bist schon sechs Stunden im Stollen, deshalb sind deine Schuhe und Socken schon völlig durchnässt ...

Mit einer großen schweren Spitzhacke haust du Gestein aus einer Stollenwand. Du musst husten, weil du den Steinstaub einat-

mest. Gleichzeitig spürst du überall den Schweiß am Körper als Folge der schweren Arbeit. Einige Meter entfernt macht ein anderes Kind die gleiche Arbeit ...

An den Händen hast du von den vielen Schlägen mit der Spitzhacke wunde Stellen, die bei jedem neuen Schlag Schmerzen verursachen. Außerdem tut dir der Rücken weh, weil du in dem niedrigen Stollen die ganze Zeit gebückt arbeiten musst ...

Nach 12 Stunden Arbeit sagt dir dein Vorarbeiter, dass für heute Schluss wäre. Du spürst ein Gefühl der Erleichterung, als du deinen Körper im Freien wieder gerade aufrichten kannst. Es ist Abend und die letzten Sonnenstrahlen wärmen dein Gesicht ...

Verweile in deinen Gedanken, Gefühlen und Phantasien. Überlege, wie der Tag für dich weitergeht ...

Dann schweigt die Lehrkraft, die Hintergrundmusik sollte leise weiterlaufen. Alle verweilen jetzt in ihrer Phantasie. Die SchülerInnen können individuell entscheiden, wann ihre Phantasiereise in der Rolle einer anderen Person zu Ende ist, öffnen dann ihre Augen und beginnen das in der Phantasie Erlebte als Ich-Text aufzuschreiben. Wem es in der gelenkten Phantasiereise nicht gelang, sich auf diesen Rollenwechsel einzulassen, kann früher die Augen öffnen und in der freien Schreibsituation einen zweiten Anlauf nehmen, um im Sinne der präsentierten Rolle zu phantasieren und das Phantasierte in der Ich-Form und im Indikativ aufschreiben. Diese doppelte Chance, die eigene Phantasie zu aktivieren, erhöht nach meinen Erfahrungen die Erfolgschancen der Methode.

Den richtigen Zeitpunkt für das Ende dieses kreativen Prozesses zu finden, ist Sache der Lehrkraft. Alle werden gebeten, jetzt langsam in die Wirklichkeit zurückzufinden bzw. die Schreibarbeit zu beenden. Die Musik stoppt.

Die Lernenden werden danach ermutigt, sich über das innerlich Erlebte im Plenum oder in Gruppen auszutauschen und möglichst auch viele ihrer Ich-Texte vorzulesen. Wenn sich mindestens ein Drittel der SchülerInnen beteiligt, kann von einem Erfolg gesprochen werden. Das unterschiedlich deutbare Schweigen vieler nach der Phantasiereise ist zu respektieren. Allerdings kann man damit rechnen, dass die verbale Aktivität der SchülerInnen zunimmt, wenn diese Methode zum zweiten oder dritten Mal zur Anwendung kommt. Am Ende der Auswertung können Texte einbezogen werden, die das Thema der Phantasiereise aufgreifen. Auch der umgekehrte Fall ist denkbar: Erst wird ein Text gelesen, z. B. über die Kinderarbeit in England zu Beginn der Industrialisierung, dann wird die Methode Phantasiereise eingesetzt.

In einer Phase der Ruhe ermöglicht die Phantasiereise subjektive Zugänge zu einem Thema, auch eine emotionale Annäherung. Diese Methode ist ein Versuch, den traditionell verkopften Unterricht auszugleichen, dem Gefühl, der Intuition mehr Raum zu geben. Wer Bedenken hat, möge bedenken: Ohne die menschliche Produktivkraft der Phantasie gäbe es keine Entwicklung von Wissenschaft und Technik, von Kunst und Kultur.

Das Standbild

Ein Schulbuchausschnitt kann eine bestimmte soziale Situation zum Thema haben: eine Quelle berichtet über die Verhaftung einer jüdischen Familie 1940 in Berlin, ein Foto zeigt den Abtransport überlebender Juden des Warschauer Ghettos in die Vernichtungslager, Ausschnitte aus dem Buch des KZ-Überlebenden Primo Levi „Ist das ein Mensch?“ schildern das Leiden der Häftlinge in Auschwitz.

Damit sind die SchülerInnen aufgefordert, sich in eine bestimmte historische Situation einzufühlen, um das Verhalten, die Gefühle und das erlittene Leid verstehen und nachempfinden zu können. In diesem Kontext Empathie aufzubauen, ist nicht einfach. Der Einsatz der Methode Standbild kann hilfreich sein. „Man könnte sagen, das Standbild ist ein wortloses Rollenspiel, das sich in einem einzigen Bild manifestiert. Die Kunst besteht darin, dieses Bild eindringlich und damit aussagekräftig zu gestalten.“ (Janssen 2008, 40)

In der Literatur wird häufig nahegelegt, dass die Lehrkraft eine Schülerin bzw. einen Schüler ermutigt, spontan die Regie-Rolle zu übernehmen, sich Mitspielende auszuwählen und vor der

Klasse nach der eigenen Intuition ein Standbild aufzubauen. Nach meinen Erfahrungen ist diese Variante sehr stressbesetzt für die Beteiligten, störanfällig mit Blick auf die zuschauende Klasse und mit hohem Risiko des Scheiterns besetzt. Ich möchte deshalb von dieser Variante abraten – auch wenn sie sicher attraktiv ist für das Fach Darstellendes Spiel.

Aber diese Methode ist risikoarm, wenn die Lehrkraft die Sozialform Gruppenarbeit einsetzt und **eine** Gruppe die Aufgabe Standbild übernimmt, auf die Rolle des Regisseurs ausdrücklich verzichtet wird, stattdessen alle in der Gruppe die Aufgabe haben, sich in eine konkrete historische Situation einzufühlen, zu dieser Situation gemeinsam ein Standbild zu phantasieren, Mitgestaltende auszuwählen und mit den Mitteln Körperhaltung, Gestik und Mimik so lange zu experimentieren, bis die Gruppe mit ihrem Standbild zufrieden ist. Häufig sind symbolische Elemente hilfreich. Verschränkte Hände können z. B. eine trennende Wand symbolisieren, ein abgewandter Blick kann ein schlechtes Gewissen oder Distanzierung andeuten, eine sehr gebeugte Körperhaltung kann Untertanenmentalität signalisieren ... Wenn die Gruppe außerhalb des Klassenraumes ihr Standbild in aller Ruhe entwerfen kann, wäre das von Vorteil.

Das von der Gruppe entworfene Standbild sollte zum geeigneten Zeitpunkt auf einer Freifläche im Klassenraum schweigend aufgebaut werden. Wenn es die Raumsituation zulässt, dass die anderen Schülerinnen und Schüler um das Standbild herumgehen können, wäre das für die jetzt anstehende Reflexion hilfreich. Zunächst sollten die Lernenden beschreiben, was sie sehen und versuchen, das Bild zu deuten. Anschließend sollte ein Gruppenmitglied, das möglichst nicht Teil des Standbildes ist, erklären, was die Gruppe wie darstellen wollte. Danach könnte die Lehrkraft die Figuren nacheinander kurz im Schulterbereich berühren – ein Signal, jetzt mit einer kurzen Ich-Botschaft (ich bin ..., ich fühle mich ...) aus dem Standbild herauszugehen. Die Gesprächsphase muss allerdings zügig gestaltet werden, da sich das Standbild höchstens einige Minuten konzentriert aufrechterhalten lässt. Nach der Bildauflösung kann es reizvoll sein, die Personen des Standbilds zu befragen, wie sie ihre jeweilige Rolle im

Bild erlebt haben. Eine zusätzliche Chance der Bearbeitung ergibt sich, wenn das Standbild fotografiert wird. Das wäre auch eine Form der Anerkennung der Gruppenleistung, die sicherstellt, dass jederzeit eine weitere bildorientierte Auseinandersetzung mit dem Thema möglich bleibt. So könnte z. B. die Botschaft des Bildes am Ende in Ich-Texte transferiert werden.

Zur didaktischen Gewichtung dieser Methode will ich noch drei Anmerkungen formulieren:

- Die verbale Stille in der Phase der Standbildpräsentation schafft einen wohltuenden Kontrast zum vorherrschenden Verbalismus im Schulalltag.
- Das Standbild kann in spielerisch-gestaltender Form einen nachhaltigen Einstieg in die Deutung und Reflexion einer historischen Situation ermöglichen, gibt zugleich der Körpersprache Raum.
- Insbesondere ist die Methode „Standbild" geeignet, Erziehungsziele wie Empathie, Fähigkeit zum Mitleid, Solidarität zu fördern.

Enträtseln eines Textes

Bei dieser Methode verändert die Lehrkraft einen Text so, dass er für die Lernenden zu einem Rätsel wird. Es können einzelne Worte, Teile des Textes und ggf. die Autorenangaben verändert oder weggelassen werden. So ist es z. B. denkbar, einen historischen Text in eine andere Epoche zu verlegen, Widersprüche oder Falschaussagen in einen fortlaufenden Sachtext oder eine historisch bedeutsame Rede zu montieren, einzelne sinntragende Formulierungen abzuändern oder sogar in ihr Gegenteil zu verkehren, bestimmte Schlüsselbegriffe im Text zu löschen, frei Erfundenes in der Absicht zu verwirren oder zu provozieren in den Text zu integrieren usw. Auch können die zeitlichen und räumlichen Bezüge entfernt werden, sodass die Lernenden vor der reizvollen Aufgabe stehen zu phantasieren, wo und wann ein bestimmtes Ereignis stattgefunden haben könnte. Reizvoll ist ferner die Variante, einen ganzen Text als Satzpuzzle zu präsentieren oder ein historisch bedeutsames Zitat als Wortpuzzle zu gestalten.

Der verrätselte Text fordert die Lernenden doppelt. Zunächst muss erkannt werden, dass der Text fehlerhaft ist. Soweit die Lehrkraft mit der Technik Weglassen arbeitet, wird die Veränderung meistens umgehend wahrgenommen. Wenn sie mit Fälschungen operiert, sollte die Lehrkraft die Schüler und Schülerinnen auffordern, die Fälschungen zu finden und zu korrigieren, evtl. auch die Zahl der Fälschungen nennen. Damit stehen die Lernenden vor der Aufgabe, das Rätsel durch eine selbstständige geistige Leistung zu entschlüsseln. Die SchülerInnen sind gefordert, sich in den Text bzw. ihre(n) Autor(in) hineinzudenken, um Lücken zu schließen, Widersprüche oder Fehler aufzuspüren und das Richtige zu phantasieren oder aus ihrem Vorwissen herzuleiten. Es entsteht nicht selten eine Wettkampfsituation, ein Wettrennen in dem Bemühen, als erste/r die richtige Textgestaltung gefunden zu haben. Geeignet ist sowohl die Sozialform Einzelarbeit als auch die PartnerInnenarbeit. Die intensive Auseinandersetzung mit einem Text, intellektuelle Anstrengung, Aktivierung von Phantasie und der spielerische Reiz ein Rätsel zu lösen, fallen hier zusammen. Wird abschließend der authentische Text in den Unterricht eingeführt, ist für das Verständnis und die Beurteilung bereits Wesentliches erbracht. Soweit mit der Variante Fälschung gearbeitet wird, wird auch das kritische Hinterfragen von Quellen bzw. geschichtlichen Texten trainiert. Gedrucktes muss nicht wahr sein! Auch zur Lernkontrolle kann diese Methode eingesetzt werden, indem ein ganzer Text als Lückentext oder Satzpuzzle eingesetzt wird.

Soweit ein historisches Zitat als Wortpuzzle zur Aufgabe wird, empfehle ich die Sozialform PartnerInnenarbeit und folgende Vorgaben und Regeln:

– Lassen Sie die Satzzeichen weg und und drucken Sie alle Worte mit großen Buchstaben aus. Ein Wort sollte durch einen Leerzettel ersetzt werden, lediglich die Zahl der Buchstaben sollte durch Striche deutlich werden. Wenn das Wortpuzzle ausgegeben ist (z. B. in einem Briefumschlag) sollen alle Teile nach dem Zufallsprinzip auf dem Tisch ausgelegt werden. Dann dürfen die SchülerInnen abwechselnd maximal drei Teile umlegen, mit dem Ziel, das Zitat zu rekonstruieren. Wer glaubt das fehlende Wort gefunden zu haben, kann es mit Bleistift eintragen.

– In der Arbeitsphase darf nicht gesprochen werden! Wenn viele Paare nach einer hinreichenden Zeit nicht zum Erfolg gelangen, kann die Lehrkraft das Sprechverbot aufheben. Zweiergruppen, die frühzeitig fertig sind, können zusätzlich eine Deutungs- oder Diskussionsaufgabe erhalten.

Diese Variante fördert die Zusammenarbeit. Zugleich kann die Stille in der Arbeitsphase als wohltuender Kontrast zu einem ansonsten verbal dominierten Unterricht erfahren werden.

Sind Sie daran interessiert, die Variante Wortpuzzle einmal zu erproben, dann suchen Sie sich bitte eine/n Mitspieler/in und versuchen das folgende Wortpuzzle – am PC oder ausgedruckt und in 13 Teile ausgeschnitten – schweigend und unter Beachtung der Regeln zu lösen:

BRENNT	KANN	ZUFRIEDENHEIT	LEHRT	
AUS	LEHRBERUF	NICHT	_______	
WER	IM	FINDEN	UND	LANGFRISTIG

Das Originalzitat finden Sie als These 8 in dem Kapitel 5.

Die Spinnweb-Analyse

Wenn ein Text einen konkreten Sachverhalt thematisiert – z. B. das Elend einer Arbeiterfamilie zu Beginn der Industrialisierung in England oder Fälle alltäglicher Diskriminierung religiöser Minderheiten oder die politische Verfolgung und Ausgrenzung von Kommunisten, Sozialdemokraten und Gewerkschaftlern in der Zeit der Nazi-Herrschaft in Deutschland –, kann nach der Lektüre und einer ersten Gesprächsphase die Spinnweb-Analyse genutzt werden, um die Ursachen oder Folgen eines solchen Sachverhalts komplex auszudifferenzieren. Wenn der Text unter dem Aspekt „Ursachen" oder „Folgen" nur einige Hinweise bietet, kann es intellektuell reizvoll sein, den Horizont des Textes unter einer solchen Fragestellung zu überschreiten und die Schülerinnen und Schüler zur Produktion einer Spinnweb-Analyse herauszufordern. Damit werden die SchülerInnen kognitiv produktiv gefordert.

In die Mitte eines großen Blattes Papier oder auf ihrem Tablet schreiben die Lernenden eine Fragestellung oder nur ein Stichwort, z. B.: Warum? Oder: Folgen? Vorzugsweise in Kleingruppen suchen die SchülerInnen nach den unmittelbaren Ursachen oder Folgen, gruppieren diese in Stichworten um die Ausgangsfrage und ziehen Verbindungslinien zwischen der Fragestellung und den gefundenen Stichworten. Im nächsten Schritt werden die Hintergründe der unmittelbaren Ursachen gesucht bzw. die Auswirkungen der Folgen. Wieder werden Stichworte notiert und mit Linien verbunden. Soweit die Gruppe der Auffassung ist, dass zwischen den gefundenen Stichworten auch Querverbindungen bestehen, werden auch diese eingezeichnet. Die Ursachen bzw. Folgen zweiter Ordnung können noch einmal in gleicher Weise hinterfragt werden. So entsteht ein graphisch gestaltetes Produkt, das sich im Idealfall dem Netz einer Spinne annähert.

Man kann relativ zügig von der Rezeption eines Textes zur Produktion einer Spinnweb-Analyse übergehen. Allerdings ist Voraussetzung, dass die Klasse bereits über ein Basiswissen bezüglich des historischen Kontextes verfügt, in den der Text einzuordnen ist. Die SchülerInnenprodukte fallen in der Regel sehr unterschiedlich aus, auch falsche Sachaussagen fließen in solche Entwürfe ein. Positiv gesagt: Die Spinnweb-Analyse macht deutlich, wie Schüler und SchülerInnen denken, wie differenziert ihr historisches Verständnis ist. Sehr bedeutsam ist folglich die Phase der gemeinsamen Auswertung, um richtige Botschaften hervorzuheben und falsche argumentativ zu widerlegen. Hier ist die Sachkenntnis der Geschichtslehrkraft und ihre geschickte Gesprächsführung gefordert.

Der besondere Reiz dieser Methode besteht darin, dass die Lernenden ihr historisches Wissen aktivieren und zugleich ihre Phantasie gefordert ist, wenn sie an die Grenze ihres Wissens stoßen – die Gruppe scheint mir der ideale kommunikative Ort für eine solche gedankliche Reise in das Labyrinth vergangener gesellschaftlicher Verhältnisse zu sein.

Die Motorinspektion

Bei der Methode Motorinspektion (der Begriff Motor zielt symbolisch auf die innere Haltung der Lerngruppe) werden zwei Stühle auf einer freien Fläche im Abstand von drei bis vier Metern zueinander aufgestellt. Die Stühle sollen einen Gegensatz symbolisieren, z. B.:

- die Nähe und Distanz der SchülerInnen zum Thema X,
- die Zustimmung zu und die Ablehnung von einer historisch bedeutsamen Entscheidung oder Überzeugung oder Persönlichkeit,
- Welche Haltung wähle ich: Anpassung oder Widerstand?,
- Die Zufriedenheit oder Unzufriedenheit mit den eigenen Lernfortschritten im Fach Geschichte.

Alle werden aufgefordert, ihre Meinung/Haltung/Überzeugung symbolisch zu präsentieren, indem sie den für sie richtigen Platz auf der Freifläche stehend und schweigend einnehmen. Je deutlicher sich die SchülerInnen in der Nähe eines Stuhls aufstellen, desto klarer signalisieren sie ihre Übereinstimmung mit der Botschaft des Stuhls. Wer seine eigene Meinung/Haltung noch nicht gefunden hat, wird sich in der Regel mittig, das heißt mit gleichem Abstand zu beiden Stühlen positionieren. Danach werden die SchülerInnen aufgefordert, ihre im Raum gewählte Position zu begründen. Wenn die Lernenden ihre Position sehr unterschiedlich begründen, kann sich eine spontane Diskussion unter Moderation der Lehrkraft ergeben. Eine solches Streitgespräch kann mit der Methode PartnerInnenstreitgespräch fortgeführt werden.

Interessant ist auch die folgende Variante, manchmal am Anfang, manchmal in der Mitte, manchmal am Ende einer Unterrichtseinheit: Ein Stuhl symbolisiert ein großes Wissen/Verständnis über das Thema X, der andere Stuhl eher geringes Wissen bzw. Verständnis. Alle werden zunächst aufgefordert, schweigend und stehend die individuell richtige Position einzunehmen. Dann wird die Wissensgruppe aufgefordert, spontan oder orientiert an Impulsen der Lehrkraft über das Thema zu informieren. Und/oder die Gruppe mit geringem Wissen/Verständnis wird ermutigt, Fragen an die andere Gruppe zu stellen.

Diese Methode aktiviert, trainiert sich zu positionieren und zu argumentieren, macht das Meinungsspektrum der Lerngruppe transparent und kann helfen Wissenslücken zu schließen.

Streitgespräche

Ein Streitgespräch kann eingesetzt werden, wenn historische Abläufe oder Entscheidungen im Rückblick kontrovers erörtert werden können. War die Entscheidung für diesen oder jenen Krieg damals notwendig und sinnvoll oder wäre eine andere Entscheidung besser gewesen? War das Datum 8. Mai 1945 für uns die endgültige Niederlage oder ist es der Tag der Befreiung? (vgl. Schneider 2018, 111) Wäre der Untergang der DDR zu vermeiden gewesen, wenn die DDR-Regierung frühzeitig freie Wahlen und die Achtung der Menschenrechte eingeführt hätte?

Eine Variante, um Schüler und Schülerinnen im freien Sprechen und Argumentieren zu trainieren, ist das **PartnerInnenstreitgespräch**. Auf dem Weg zur Mündigkeit ist diese Variante ein Schritt in die richtige Richtung. Sie setzt voraus, dass gegensätzliche Meinungen oder Überzeugungen bereits in den Köpfen der Lernenden präsent sind oder vor dem Einsatz der Methode im Unterricht erarbeitet werden. Manchmal kann es reizvoll sein, das dialogische **Streitgespräch in historischen Rollen** zu gestalten. Es kann auch hilfreich sein, allen vor dem PartnerInnenstreitgespräch noch ca. 5 Minuten zur Verfügung zu stellen, um in Stichworten Argumente für zwei gegensätzliche Positionen oder

Sichtweisen zu sammeln. So könnte z. B. der Ebert-Groener-Pakt kontrovers diskutiert werden. Die eine Hälfte der SchülerInnen betont die Chancen dieses Paktes für den inneren Frieden und die Zukunft der Weimarer Demokratie, die andere Hälfte seine Risiken für den inneren Frieden und die Zukunft der Weimarer Demokratie. Ein Thema könnte auch sein: War es richtig oder sogar politisch notwendig, dass die Geschwister Scholl 1942/43 in München mit Flugblättern zum Widerstand gegen Hitlers Diktatur aufriefen oder war dieses Vorgehen ein zu leichtsinniger Umgang mit dem eigenen Leben? Oder: Hätten sich die Ärzte im KZ Auschwitz weigern müssen und weigern können, tagtäglich die SS aktiv zu unterstützen, kranke Häftlinge für die Ermordung in den Gaskammern auszuwählen oder wären sie unweigerlich getötet worden, wenn sie eine stetige und umfassende Kooperation mit der Lagerleitung verweigert hätten?

Die Schülerinnen und Schüler sollen sich möglichst zu zweit gegenüberstellen, bei einer ungeraden Gesamtzahl kann eine Dreiergruppe gebildet werden. Die Zwischenräume zum Gegenüber sollten nicht mehr als eine Armlänge betragen. Dass alle stehen sollen, ist gewollt, denn eine Position einnehmen und verteidigen zu können, erfordert Standfestigkeit – insofern sollte es die Ausnahme bleiben, das Streitgespräch mit dem Tischnachbarn im Sitzen zu führen.

Wer welche Position vertritt, kann zuvor mit einem Impuls geklärt werden – z. B. der/die Ältere beginnt. Dann startet die Lehrkraft die Streitgespräche in allen Zweiergruppen, z. B. durch ein akustisches Signal. Polemische Äußerungen und eine lebendige Körpersprache dürfen die Rollen der Streitenden prägen, manchmal kann der Hinweis, engagiert aber leise zu streiten, angebracht sein. Nach ca. 3 – 5 Minuten, genauer gesagt, wenn die Lehrkraft wahrnimmt, dass zahlreiche Zweiergruppen bereits verstummt sind, fordert ein akustisches Signal zum Rollenwechsel und zum Tauschen der Plätze in der Zweiergruppe auf. Der Platztausch soll symbolisieren, dass jetzt alle die jeweils andere Position einnehmen sollen. Soweit einige Streitgespräche im ersten Durchgang erkennbar nicht in Gang kamen, können in der Pause einige Paare neu zusammengesetzt werden. Auch das zweite Streitgespräch sollte die Lehrkraft starten und nach einigen Minuten beenden. In der anschließenden Reflexion sind folgende Fragen interessant: Welche Rolle war leichter zu vertreten und warum? Inwieweit entstanden echte Streitgespräche? Eine Präsentation und vergleichende Würdigung der Argumente im Plenum kann ein sinnvoller Abschluss sein.

Auch die Variante **Gruppenstreitgespräch** ist möglich, wenn zwei gegensätzliche Positionen vorhanden sind, z. B. bei dem Thema „Widerstand der Geschwister Scholl“: Diejenigen, die die Widerstandsformen der Geschwister Scholl als richtig erachten und diejenigen, die ihren Widerstand im Rückblick als zu fahrlässig im Umgang mit dem eigenen Leben einschätzen, bilden jeweils eine Gruppe. Wer sich nicht entscheiden kann, geht in die dritte Gruppe. Die Mitglieder der dritten Gruppe werden aufgefordert, Fragen an die anderen Gruppen zu richten – mit dem Ziel die eigene Position zu finden. Wenn hinreichend Fragen beantwortet wurden, werden die Mitglieder der dritten Gruppe aufgefordert, sich individuell jener Gruppe zuzuordnen, der sie am ehesten zustimmen können. Anschließend führen die beiden Gruppen ein kurzes spontanes Streitgespräch. Die Gruppen sollten abwechselnd das Wort ergreifen, die Lehrkraft diskutiert nicht mit, ist aber verantwortlich, den richtigen Zeitpunkt für das Ende der Diskussion zu finden.

Die Methode fördert in beiden Varianten die kommunikative Kompetenz, insbesondere den Mut zu sprechen, eine Position einzunehmen, diese argumentativ zu verteidigen sowie eine demokratische Streitkultur – letztlich auch die Haltung der Toleranz.

Gruppenlernen

Die Methode zielt auf Wissensvermittlung. Sie beginnt damit, dass die Lehrkraft jeweils einen oder mehrere Texte mit A – z. B. zur Verfolgung der Sinti und Roma in der Zeit der Nazi-Herrschaft –, andere mit B – z. B. zur Verfolgung der Homosexuellen in der Zeit der Nazi-Herrschaft – beziffert. Die Hälfte aller Zweiertische erhält die A-Texte, die andere Hälfte die B-Texte. Zunächst sollen alle in PartnerInnenarbeit versuchen, ihre Texte zu erfassen, die zentralen Begriffe bzw. Botschaften markieren und ihre Vermittlung planen. In der zweiten Phase sitzen sich zwei SchülerInnen, die die A-Texte bearbeitet haben, und zwei SchülerInnen, die für die B-Texte zuständig sind, gegenüber. Die Fachleute für die A-Texte haben jetzt die Aufgabe, mündlich ihr Wissen an die beiden anderen zu vermitteln. Selbstverständlich können in dieser Situation Fragen gestellt werden. Anschließend werden die Rollen getauscht und die B-Texte in gleicher Weise zum Thema. Am Ende erhalten alle die Texte der jeweils anderen Gruppe, um diese zu lesen und zu überprüfen, inwieweit die Informationsvermittlung und die eigene Textaneignung übereinstimmen. Offene Fragen und strittige Punkte können zunächst in der Gruppe oder danach im Plenum geklärt werden.

Kurze Texte, die fordern, aber nicht überfordern, sind eine zentrale Voraussetzung für den Erfolg dieser Methode. Solche Texte lassen sich sicher nicht bei jedem Thema zügig finden, andererseits ist zu bedenken, dass sich die Lehrkraft in der Phase der Durchführung dieser Methode in einer sehr entlasteten Situation befindet und über hinreichend Zeit verfügt, um sich beratend oder unterstützend einzubringen.

Die Methode zielt darauf kooperatives Lehren zu lernen und zugleich auf die autonome Wissensvermittlung der SchülerInnen untereinander.

Das Votum-EI

Diese Methode beginnt mit einem an die Tafel gemalten Spiegelei. Alle werden aufgefordert, bezogen auf eine bestimmte Fragestellung schweigend eine individuelle Wertung mit einem Kreuz oder einem Klebepunkt einzutragen. Für ein konkretes Feedback – wie z. B. „Zufriedenheit mit meinen Lernfortschritten“ oder „Zufriedenheit mit dem Unterricht im Fach Geschichte am Ende des ersten Schulhalbjahres“ – können vier Wertungen angeboten werden:

- Kreuz in das Gelbe vom Ei heißt: sehr zufrieden;
- Kreuz auf die Grenze zwischen Gelb und Weiß ist ein Votum für zufrieden;
- Kreuz im weißen Bereich heißt: weniger zufrieden;
- Kreuz außerhalb der Ei-Fläche bedeutet gar nicht zufrieden.

In der Abstimmungsphase sollte die Lehrkraft mit dem Rücken zur Tafel sitzen. Folgen kann eine offene Gesprächsphase, in der viele die Chance haben, ihre Kreuze in Worte zu „übersetzen". Sowohl das entstandene Tafelbild selbst als auch die Aussprache darüber kann wichtige Impulse für die weitere Gestaltung des Geschichtsunterrichts ergeben, eröffnet Chancen zur Mitbestimmung. Die SchülerInnen erleben, dass ihre Meinung ernst genommen wird.

4. EINE ZEHNSTÜNDIGE UNTERRICHTSEINHEIT – THEMA „DAS LEBEN UND LEIDEN DER JÜDISCHEN BEVÖLKERUNG IN EUROPA"

Die Forderung, dass Auschwitz
nicht noch einmal sei,
ist die allererste an Erziehung.

Theodor W. Adorno (1966)

Eine exemplarische Skizze

„Planmäßiger Hunger und gewollte Seuchen waren die Hauptursachen für das Massensterben im KZ Bergen-Belsen ... Allein im März 1945 starben in Bergen-Belsen über 18 000 Menschen oder kamen bereits tot mit den eintreffenden Transporten an ... bis zur Befreiung des Lagers (Mitte April 1945) erhöhte sich die Zahl der durch Hunger und Fieberepidemien vernichteten Menschen auf 35 000 ... Vom 17. September bis zum 16. November fand in Lüneburg vor einem britischen Militärgericht der Bergen-Belsen-Prozess statt. Angeklagt waren 33 SS-Leute und 11 Häftlinge mit Aufsichtsbefugnissen, sogenannte Kapos ... ihnen musste individuelles Verschulden nachgewiesen werden. 11 SS-Angehörige wurden zum Tod verurteilt, 11 weitere Angehörige des SS-Wachpersonals und 8 Kapos zu Freiheitsstrafen. 14 Angeklagte wurden freigesprochen."

„Als im Winter 1944 die alliierten Truppen immer weiter vordrangen, verschleppte die SS die noch lebenden Häftlinge frontnaher KZ ins Innere Deutschlands. Oft wochenlang waren diese Transporte unterwegs, auf ‚Todesmärschen' oder in offenen Güterwaggons bei eisiger Kälte und ohne Verpflegung." (Lévi-Hass 1979, 108–109)

Im Bergen-Belsen-Prozess verhörte der anklagende Staatsanwalt einen Angeklagten, der mit anderen zusammen die Aufgabe hatte, Deportationszüge nach Bergen-Belsen zu bewachen:

Ankläger: Ist es wahr, dass bei dem sechstägigen Bahntransport von Nordhausen nach Belsen von den fünftausend fast verdurstenden KZ-Häftlingen zweiundvierzig Menschen tatsächlich am Durst gestorben sind?
Angeklagter: Wir hatten eine Portion Tote, aber mich ging es nichts an. Ich war nicht der Dienstälteste.
Ankläger: Es ist überhaupt nicht zu verstehen, dass sie die Gefangenen verdursten ließen. Zwischen Nordhausen und Belsen gibt es viele Bäche und Flüsse. Sie konnten doch den Zug halten und Wasser holen lassen.
Angeklagter: Ich meine, das geht ja nicht, dass jeder über einen Zug bestimmen kann, wie er will. Es ist doch so, dass der Zugführer seinen bestimmten Plan hatte, nach dem er fahren musste ... Die Gefangenen hatten es auf dem Transport ganz gemütlich. Je hundert Stück Häftlinge saßen auf einem Waggon.
Ankläger: Warum ist der Zug sechs Tage zwischen Nordhausen und Belsen gefahren?
Angeklagter: Weil wir immerzu auf den Bahnhöfen hielten.
Ankläger: Warum haben sie auf den Bahnhöfen kein Wasser für die Gefangenen geholt?
Angeklagter: Diese Bahnhöfe, dieses Wasser ... es gibt da Bestimmungen, das ist nur für die Lokomotiven da. Auch hatte ich ja gar nicht das Kommando.

Hanna Lévi-Hass: Vielleicht war das alles erst der Anfang. Tagebuch aus dem KZ Bergen-Belsen 1944–1945, Berlin 1979, Klappentext

Eine methodische Skizze über die Möglichkeiten, diese Quelle mit aktivierenden Methoden zu bearbeiten:

- **Blitzlicht** zu den Fragen: Wie denkst du über dieses Gespräch zwischen Ankläger und Angeklagtem? Welche Gefühle nimmst du in dir wahr?
- **Ich-Texte** in der Rolle eines jüdischen Häftlings schreiben lassen (Einzel- oder Gruppenarbeit), der sich bereits seit mehreren Tagen ohne Nahrung und Wasser in einem Deportationszug von dem KZ Nordhausen in das KZ Bergen-Belsen befindet.
- Eine **Sprechmühle** mit zwei Durchgängen zu den folgenden Fragen: Mit welchen Äußerungen versucht der Angeklagte seine Beteiligung am Verdursten jüdischer Häftlinge zu verteidigen und wie denkt ihr über seine Versuche sich zu rechtfertigen? – Der Ankläger lässt nicht erkennen, was er in seinem Innern während des Verhörs dachte oder fühlte. Was vermutet ihr, welche Gedanken und Gefühle ihn bewegt haben?
- Ein **rollenbezogenes Interview**, das zwei Journalisten mit dem Angeklagten und dem Ankläger im Herbst 1945 führen, vorbereiten, aufführen und reflektieren.
- **Redekette** oder **Spinnweb-Analyse** zu der Frage: Wie konnte es dazu kommen, dass Menschen jüdischen Glaubens in den Deportationszügen und z. B. im KZ Bergen-Belsen so misshandelt wurden – mit der Zielsetzung, sie durch planmäßigen Hunger und gewollte Seuchen zu vernichten? Die Frage zielt auf Ursachen für diesen Massenmord, auf Erklärungen, nicht auf Rechtfertigungen.
- **Schreibgespräche** zu der Frage: Welches Urteil wäre aus eurer Sicht gerecht? Begründet euer Urteil.
- **PartnerInnenstreitgespräch** in den Rollen Verteidiger und Staatsanwalt. Der Verteidiger fordert einen Freispruch, der Staatsanwalt die Todesstrafe. Nach einer kurzen Sammlung von Argumenten für beide Positionen folgt das dialogische Streitgespräch in zwei Durchgängen, sodass alle beide Meinungen vertreten müssen.

- **Doppelte Diskussionsrunde** oder **gruppenorientierte Meinungsbildung:** Welches Urteil wäre gerecht: Die Todesstrafe, weil die britischen Gesetze in Militärprozessen fordern, dass Mord mit der Todesstrafe zu ahnden ist? – Eine langjährige Haftstrafe wegen unterlassener Hilfeleistung mit vielfacher Todesfolge? – Ein Freispruch, weil der Angeklagte sich lediglich so verhielt, wie es seine Vorgesetzten erwarteten?
- Eine **2-Minuten-Rede** (verfasst in Gruppenarbeit oder als Hausaufgabe), Thema: Entwerft und begründet in der Rolle des Richters ein Urteil über die dem Angeklagten vorgeworfenen Straftaten.
- **Gruppenlernen**: Die A-Schülerinnen vermitteln kurze Texte über Ausschnitte aus dem Alltag im KZ Bergen-Belsen und die dort praktizierten zentralen Strategien zur Vernichtung jüdischen Lebens, ausgewählt von der Lehrkraft aus der Schrift von Hanna Lévi-Hass. Die B-Schülerinnen vermitteln kurze Ausschnitte aus dem Alltag im KZ Auschwitz und die zentralen Vorgehensweisen zur Vernichtung jüdischen Lebens im KZ Auschwitz, ausgewählt von der Lehrkraft aus dem Buch von Primo Levi.

Diese Übersicht soll die Chancen der Anwendung vielfältig aktivierender Methoden exemplarisch aufzeigen. Einige könnten in Verbindung mit traditionellen Methoden zu einer vielleicht drei bis vier Stunden umfassenden Unterrichtseinheit über das KZ Bergen-Belsen führen. Alternativ könnten Lehrkräfte im Fach Geschichte die hier eingangs zusammengestellten Zitate in Verbindung mit dem einen oder anderen Vorschlag zur kreativen methodischen Gestaltung in die folgende Unterrichtseinheit einbeziehen.

Didaktisches Vorwort zur Unterrichtseinheit

Alle Stundenentwürfe richten sich an den 9. bis 11. Jahrgang der allgemeinbildenden Schulen – Thema: *Das Leben und Leiden der jüdischen Bevölkerung in Europa.*

Grundlegend ist mein allgemeindidaktisches bzw. fachdidaktisches Selbstverständnis, aus dem sich folgende Konsequenzen ergeben:

- den Frontalunterricht zu reduzieren zu Gunsten von Möglichkeiten die SchülerInnen vielfältig zu aktivieren,
- das rezeptive Lernen im Bereich Wissensvermittlung ein Stück weit einzuschränken im Interesse einer stärkeren Entfaltung kognitiv produktiver Lernprozesse, auch um dem schulpädagogischen Grundsatz „Bildung braucht Tiefe“ mehr Chancen zu eröffnen,
- die SchülerInnen zur Analyse objektiver historischer Sachverhalte aber auch zum empathiegeleitetem Verstehen der subjektiven Seite historischer Themen zu befähigen, folglich bei dem hier gewählten Thema bewusst biographische Texte bzw. die historische Autobiographie des Auschwitz-Überlebenden Primo Levi einzubeziehen.

Die Stundenentwürfe beruhen ferner auf den Prinzipien exemplarisches Lernen, Gegenwartsbezug, Fallorientierung, SchülerInnenorientierung, Methodenvielfalt, Feedbackkultur und dem Engagement für eine demokratischen Erziehung.

Zugleich sollen sie dokumentieren, dass vielfältig aktivierende Methoden im Geschichtsunterricht sinnvoll angewandt werden können – einige sind für bestimmte Zielsetzungen geradezu unverzichtbar. Sie können die folgende Unterrichtseinheit wie ausgearbeitet, aber selbstverständlich auch verändert, gekürzt oder erweitert in Ihren Unterricht einbeziehen. Soweit es um den Einsatz kreativer Methoden geht, kann es ab und zu hilfreich sein, noch einmal den Text über eine bestimmte Methode im vorangegangenen Kapitel zu lesen.

Die erste Verlaufsplanung bietet einen Einstieg in die aktuelle Diskriminierung jüdischer Mitbürgerinnen und Mitbürger in unserer Gesellschaft. Dieser Einstieg soll für den Geschichtsunterricht den Gegenwartsbezug herstellen und die Motivation für historische Reflexionen fördern. Die zwei folgenden Verlaufsplanungen rücken exemplarisch am Beispiel einer jüdischen Familie die systematische Ausgrenzung, Gettoisierung und Vernichtung der europäischen Juden durch den NS-Staat in den Mittelpunkt. Die vierte Verlaufsplanung thematisiert das Todeslager Auschwitz, ausgehend von der Autobiographie des italienischen Juden Primo Levi, der Auschwitz überlebte. Das Buch „wurde in sieben Sprachen übersetzt, für Funk und Theater bearbeitet und erlebte in Italien eine Neuauflage nach der anderen, auch eine Schulausgabe mit erklärenden Fußnoten." (Levi 2015, 167). Die fünfte Verlaufsplanung führt zu Kurzreden der SchülerInnen in der Rolle von Primo Levi, in denen sie zum aktuellen Antisemitismus und Rechtsextremismus in Deutschland Stellung nehmen. Abschließend geht der Blick weiter in die Zukunft und es soll reflektiert werden, was notwendig ist, um dem Rückfall in die Barbarei entgegenwirken zu können.

Letztlich ist die Unterrichtseinheit der Versuch, den Rückblick in die damalige Barbarei zu verwandeln in die Bereitschaft und Fähigkeit eine demokratische, menschenrechtsorientierte Gesellschaft zu erhalten und zu stärken. Im Kontext einer demokratischen Erziehung können deshalb alle Verlaufsplanungen auch unter dem Anspruch gelesen werden, über das Anliegen rationaler und kritischer Aufklärung hinaus die Fähigkeit zur Identifikation mit den Opfern zu fördern; denn wer mitfühlen und mitleiden kann, kann nicht hassen und zuschlagen.

Die Diskriminierung, Ausgrenzung und Vernichtung von Minderheiten kritisch zu thematisieren, sollte sowohl ein wesentlicher Bildungsauftrag für das Fach Geschichte sein und bleiben als auch ein gemeinsamer Bildungs- und Erziehungsauftrag insbesondere der Fächer Geschichte, Politik, Religion und Deutsch.

Stundenentwürfe gegen Antisemitismus und Rechtsextremismus

Erste Verlaufsplanung (45 Min.)

Basistext 1 Eigentümerin beschimpfte Mieter als „Judensau"
Seit einer Woche erst waren die mahnenden Worte zum Gedenken an die Judenverfolgungen des Novembers 1938 verklungen, da stand eine Hauseigentümerin aus dem Frankfurter Nordend vor Gericht, die seit 1992 nicht davon abzubringen war, ihre jüdischen Mieter mit „Judensau" und „Ihr gehört alle vergast" zu demütigen.

Die Worte, mit denen ... in den dreißiger Jahren „der Vernichtungszug der Nazis gegen die Juden begann", wurden von der 56 Jahre alten Vermieterin zunächst auf den Anrufbeantworter des jüdischen Ehepaars gesprochen. Damit wurden sie nach juristischer Wertung nicht öffentlich, folglich nur als Beleidigung gewertet und in einem ersten Verfahren 1993 mit einer Geldstrafe von 3000 Mark [1500 Euro] bestraft.

Die bedrückende Stimmung im Fünf-Parteien-Haus änderte das nicht. Eines Tages stand „Judenstall" am Briefkasten des klagenden Ehepaars, an einem anderen Tag lag zwischen der Post eine schmutzige Unterhose. Im Februar dann eskalierte der Konflikt, den der Anwalt der Eigentümerin vor dem Amtsgericht „als Entgleisung" im Streit um angeblich nicht bezahlte Umlagen und Schmutz im Hausflur zu begründen suchte.

An jenem Tag im Februar, so schilderten es zwei Mitbewohner als Zeugen, warf die Eigentümerin wieder mal im Haus laut die Türen zu, während das Ehepaar und sein Sohn im Treppenhaus waren. Und diesmal, das bestritt auch die Beschuldigte nicht, rief sie „Judensau" und „Ihr gehört alle vergast" in einer Lautstärke, dass man es auf allen Etagen hören konnte.

Angesichts dieser „antisemitischen Grundhaltung" der Vermieterin, so Richterin Hansen, zeigte sich sogar ihr Verteidiger von diesem Mandat „unangenehm berührt". Zu ihren Gunsten wollte er aber auslegen, dass die 1939 Geborene „mit solchen Beschimpfungsworten groß geworden" sei und „nicht die intellektuellen Fähigkeiten" habe, „sie zu reflektieren". Auch habe sie es nach einem Unfall „körperlich sehr, sehr schwer".

Dass die Eigentümerin „schwer angeschlagen" sei und ihr „die Situation über den Kopf" wachse, war auch für den Staatsanwalt ein Entlastungsargument. Doch sei eine „geistig-psychische Schädigung", die eine verminderte Schuldfähigkeit bedeuten könnte, nicht erkennbar. Nach diesem Plädoyer bekam die Angeklagte das Wort; sie nutzte es, sich „wenigstens zu entschuldigen" ...

Wegen Volksverhetzung und Beleidigung wurde sie zu sechs Monaten Haft auf Bewährung und einer Geldstrafe verurteilt ... Wenn in den nächsten zwei Jahren die Diffamierung der jüdischen Bewohner des Nordend-Hauses weitergeht, so wurde die Eigentümerin belehrt, „müsse sie ihre Strafe absitzen".

Frankfurter Rundschau v. 21.11.1995

1. **Schritt: Informierender Einstieg** (ca. 2 Min.)
   A) L. informiert: Heute beginnt eine UE über das Leben und Leiden der jüdischen Bevölkerung in Europa. L. nennt die inhaltlichen Schwerpunkte und zentralen Lernziele.
   B) L. benennt das heutige Thema: Alltagserfahrungen einer jüdischen Familie.

2. **Schritt: Phantasieorientierte Hinführung** (ca. 18 Min.)
   A) L. liest die folgende Kurzfassung von **Text 1** vor:
   Eigentümerin beschimpfte Mieter als „Judensau" An einem Tag im Februar, so schilderten es zwei Mitbewohner, warf die Eigentümerin mal wieder im Haus laut die Türen zu, während das jüdische Ehepaar und sein Sohn im Treppenhaus waren. Und diesmal rief sie „Judensau" und „Ihr gehört alle vergast" in einer Lautstärke, dass man es auf allen Etagen hören konnte.
   L. fragt: Wann und wo könnte das geschehen sein? (Methode **Enträtseln eines Textes**) S. äußern Vermutungen und versuchen diese zu begründen.
   B) **Text 1** wird ausgegeben und vorgelesen. Zeit für Fragen oder Meinungsäußerungen. L. oder S. erklärt die Formulierung „antisemitische Grundhaltung". L. verdeutlicht

z. B. mit Blick auf die häufige Schändung jüdischer Friedhöfe (**s. Anlage**) oder die Notwendigkeit, Synagogen polizeilich gegen Anschläge zu schützen, die vielfältigen Formen des aktuellen Antisemitismus in Deutschland.

3. **Schritt: Versuch sich einzufühlen** (ca. 25 Min.)
   A) L. erläutert kurz den Ablauf und den Sinn der Methode **Phantasiereise**.
   B) L. bittet alle sich entspannt hinzusetzen und die Augen zu schließen. Zeitgleich ertönt im Hintergrund leise Instrumentalmusik oder jüdische Trauermusik.
   C) L. spricht langsam und mit Pausen, während die Musik weiterläuft, den Text der Phantasiereise:
   Stell dir vor, du bist Jude und wohnst mit deinen Eltern in einem Mehrfamilienhaus ... Ihr steht gerade zu dritt im Treppenhaus ... Plötzlich ertönt von oben die Stimme eurer Vermieterin. „Judensau" und „Ihr gehört alle vergast" ruft sie so laut, dass es auf allen Etagen zu hören ist ... Dann hörst du, wie die Wohnungstür der Vermieterin zuknallt. Stille breitet sich aus ... Und du? Welche Gedanken und Gefühle gehen dir durch den Kopf? ... Was wirst du sagen oder machen? ... Wie verhalten sich deine Eltern? ... Verweile in deinen Gedanken, Gefühlen und Phantasien ...
   D) Alle entscheiden für sich, wann ihre Phantasiereise zu Ende ist, öffnen die Augen und können aufschreiben, was sie in ihrer Phantasiereise erlebt haben. Wem es nicht oder nur kurzfristig gelang, sich auf eine Phantasiereise zu begeben, kann die Augen früher öffnen und sich den weiteren Verlauf der Geschichte ausdenken und in der Ich-Form aufschreiben (Methode **Ich-Texte**).
   E) Aussprache im Plenum – Basis: S. erzählen, was sie in ihrer Phantasiereise erlebt haben und/oder lesen ihre Ich-Texte vor. Am Ende schlägt L. eine Brücke zu den folgenden Stunden – Thema: die millionenfache Verfolgung und Ermordung jüdischer Mitbürger und Mitbürgerinnen in der Zeit der rechtsextremistischen Herrschaft von 1933 – 1945.

Anlage

Seit 1945 wurden in Deutschland über 1000 jüdische Friedhöfe geschändet. Seit den 90er Jahren ist die Tendenz steigend. Ein Beispiel:

Im Oktober 2007 wurde der jüdische Friedhof von Freudental bei Ludwigsburg geschändet

Unbekannte haben mehr als 80 Grabsteine beschädigt, mit Nazisymbolen besprüht, zerbrochen oder umgeworfen. Die Polizei spricht von einer Gruppe von rechtsextremen Tätern ... Geschätzter Schaden: rund 100000 Euro ... Die Gedenkstätte liegt einen Kilometer vom Ort entfernt und ist von Bäumen umgeben ... Die Gemeinde betreut den Friedhof zwar mit, Eigentümerin ist jedoch die Israelitische Religionsgemeinschaft ... Freudental ist kein Einzelfall. Bereits zum vierten Mal wurden jüdische Friedhöfe im Südwesten von Baden-Württemberg verwüstet ...

Stuttgarter Nachrichten vom 5.10.2007

Kreative Alternativen

Wem es zu riskant erscheint, im dritten Schritt die Methode Phantasiereise einzusetzen, kann auch die Methode **Spinnweb-Analyse** in Verbindung mit Gruppenarbeit wählen, um die möglichen Folgen dieses antisemitischen Vorfalls für die betroffene jüdische Familie aufzuzeigen. Die Ergebnisse der Gruppenarbeit sollten anschließend im Plenum besprochen werden. Am Ende dieser Stunde sollte die Lehrkraft, wie bereits geplant, eine Brücke zu den folgenden Geschichtsstunden schlagen.

Zweite Verlaufsplanung (90 Min.)

Basistext 2 „Wir hatten Angst — und Hoffnung“

Seit 1931 lebten die Kleebergs in Hannover. Erich, der Fleischersohn aus Boffzen, der kein Blut sehen konnte und deshalb Kaufmann wurde. Und Maria, die Verkäuferin aus Kassel. Zehn Jahre waren sie verlobt, und immer sagte seine Mutter: „Bitte. Erich, keine Christin.“ Erich ging in die Synagoge, aber er war nicht orthodox. Und nun hatte er hier eine gute Stelle gefunden: Erster

Verkäufer im Kaufhaus Lindemann. Sie konnten in der Lavesstraße zusammenziehen und heirateten. Die Hochzeit fand ohne die Eltern statt.

Zwei Jahre später wird Ruth geboren, die Tochter. Doch das Glück währt nur kurz. Schon im Frühjahr 1933, nur kurz nach der Machtübernahme der Nazis, wird Erich entlassen. Drei Jahre bleibt er arbeitslos. Erst 1936 findet er wieder eine Stelle. Erich Kleeberg übernimmt den Hausmeisterposten in der Simonschen Stiftung in der Wißmannstraße. Sie ziehen in eine der neuen Wohnungen dort, und für Ruth beginnt am Vorabend von Krieg und Holocaust zumindest in der Erinnerung eine letzte Phase unbeschwerter Kindheit: Genug Platz zum Spielen, Zentralheizung, „und baden konnte ich, wann immer ich wollte". Es wird bald enger. In der Pogromnacht im November 1938 werfen SA-Truppen bei den Großeltern in Boffzen die Scheiben der Fleischerei ein. Als Hermann Kleeberg, der Großvater, nach einigen Monaten aus dem KZ Buchenwald nach Boffzen zurückkehrt, traut sich kaum noch jemand, bei ihm zu kaufen. Frieda und Hermann Kleeberg, Vorstand im Gesangverein, im Ersten Weltkrieg ausgezeichnet mit dem Eisernen Kreuz, müssen Boffzen verlassen und ziehen zu Erich und Maria in die Wißmannstraße. Zu fünft wohnen sie in der Zweizimmerwohnung.

Die Judenfeindlichkeit bekommt auch Ruth nun immer stärker zu spüren. „Judenkind", rufen ihr andere Kinder hinterher und wollen nicht mehr mit ihr spielen. Erich Kleeberg ahnt die Gefahr. Er versucht, für seine Eltern die Ausreise in die USA zu ermöglichen – doch das Geld reicht nicht. Schließlich ist es zu spät. Im September 1941 lässt Gauleiter Hartmann Lauterbacher die hannoverschen Juden in so genannten Judenhäusern zusammenpferchen. Die Kleebergs müssen in die Ohestraße, hausen dort auf engstem Raum mit Dutzenden anderen Familien, getrennt nur durch Vorhänge. „Es waren erbärmliche Zustände", erinnert sich Ruth Kleeberg.

Sie und ihre Eltern dürfen nach einigen Wochen, wie andere christlich-jüdische Ehen auch, in ein Haus in der Herschelstraße umziehen. Für die Großeltern mündet die Zeit in der Ohestraße direkt in die Deportation. Am 15. Dezember 1941 werden sie vom Bahnhof Fischerhof in das Rigaer Getto gebracht. Erich Kleeberg hilft am Bahnhof als Ordner – und sieht seine Eltern an diesem Tag zum letzten Mal. Abends, nach der Heimkehr, wird er von Weinkrämpfen geschüttelt.

Die Kleebergs versuchen, ein geregeltes Leben aufrechtzuerhalten. Jüdische Kinder dürfen nicht mehr in die Schule. Also unterrichtet Vater Erich seine Tochter neben seiner Arbeit in der Druckerei, stellt ihr Aufgaben, kontrolliert streng. Nachts treibt die Gestapo die Bewohner im Keller zusammen und zwingt die Männer, einander zu verprügeln. Bis zum Oktober 1943 geht das so. Dann trifft eine Bombe das Haus. Die Kleebergs können sich retten. Am nächsten Tag findet Erich eine neue Bleibe für die Familie im „Judenhaus" in Ahlem, auf dem Gelände der ehemaligen Israelitischen Gartenbauschule – neben dem Gestapo-Gefängnis. „Hierher zu kommen war ein Fehler", wird Erich Kleeberg später sagen. Im November 1944 wird er verhaftet und nur 50 Meter von seiner Wohnung entfernt inhaftiert. Am 5. Februar bringt ihn ein Lastwagen in das KZ Neuengamme.

Als Ruth Kleeberg, das zwölfjährige Mädchen, und ihre Mutter Maria am 10. April 1945 im Bunker in Ahlem kauern und die amerikanischen Soldaten hereinkommen, wissen sie nicht, was sie erwartet. So vieles ist offen für die Kleebergs, an diesem 10. April 1945, dem Tag, als in Hannover der Krieg zu Ende geht und an Ruth Kleebergs Mantel noch immer der gelbe Stern haftet, der Judenstern. „Wir hatten Hoffnung", sagt sie heute. „Und wir hatten auch Angst." Gegen Mittag sitzt Ruth mit anderen Kindern lächelnd neben den fremden Soldaten auf einem amerikanischen Panzer. Die Stimmung ist entspannt. Jetzt, denkt sie, wird alles gut und Vater bald zurückkehren.

An diesem 10. April lebt Erich Kleeberg noch. In den kommenden Tagen treibt die SS ihn und die anderen Häftlinge auf der Flucht vor den Alliierten planlos von Lager zu Lager. In Sandbostel erlebt er am 29. April sogar noch die Befreiung durch die Briten – und stirbt wenige Tage später an Typhus. Ruth und Maria Kleeberg erfahren das Monate später von einem seiner Mithäftlinge.

Als der Krieg vorüber ist, haben Mutter und Tochter große Hoffnungen. „Wir dachten: Jetzt werden sie alles wiedergutmachen wollen“, sagt Ruth Kleeberg, die heute Gröne heißt. Doch sie werden nur in einen vierwöchigen Urlaub in Salzhemmendorf geschickt. Anschließend gibt es keine Wohnungen, und so wohnen Mutter und Tochter weiter in dem ehemaligen „Judenhaus“ (letztlich sogar noch zehn Jahre).

Ruth lernt Hebräisch und bereitet sich auf die Ausreise in den jungen Staat Israel vor. Schließlich bleibt sie ihrer Mutter und eines jungen Mannes wegen. Mit 17 lernt sie ihn kennen, 1950 – und verschweigt auch ihm wochenlang, dass sie Jüdin ist. Es ist eine Art Probe, als sie ihm dann von ihrem Vater erzählt. „Ich war überzeugt, dass er zum nächsten Treffen nicht wiederkommt.“ Aber er kam – und Ruth Kleeberg, die noch heute in Ahlem lebt, blieb.

Nach: Thorsten Fuchs. Hannoversche Allgemeine Zeitung vom 23.4.2005

1. **Schritt: Textaneignung** (ca. 45 Min.)
   A) Der **Text 2** „Wir hatten Angst – und Hoffnung“ wird ausgegeben und vorgelesen. (Hilfreich wäre es, wenn alle Tische im Rechteck oder in U-Form angeordnet wären.) Die S. können kurze Fragen zum Textverständnis stellen. Dann folgt eine **Redekette** zu der Frage: *Was denkt ihr, was fühlt ihr, nachdem ihr diesen Text über das Leben der Familie Kleeberg gehört habt*?
   B) L. bildet eine Gruppe von 6 – 8 Lernenden, die zur Situation am Bahnhof Fischerhof ein **Standbild** entwerfen soll. L. gibt Hinweise, wie die Gruppe schrittweise vorgehen sollte. Wenn möglich, sollte die Gruppe den Klassenraum verlassen können, um ungestört ein aussagekräftiges Standbild phantasieren und aufbauen zu können.
   C) Für die Vorbereitung eines **rollenbezogenen Interviews** sollte die Lehrkraft möglichst vier redegewandte SchülerInnen für vier Rollen gewinnen: Eine Reporterin und ein Reporter, die für eine Reportage über das jüdische Leben in Deutschland Maria und Ruth Kleeberg im Herbst

1945 interviewen wollen. L. sollte – soweit es für die Klasse das erste rollenbezogene Interview ist – diese Gruppe anleiten, um eine textnahe Sammlung sinnvoller und hinreichend offener Interviewfragen zu erreichen und um die zu Interviewenden einfühlsam und textnah an ihre Rollen heranzuführen. Gegen Ende der Vorbereitungszeit sollten sich die ReporterInnen nur noch zu zweit bezüglich ihrer Rollengestaltung abstimmen – zeitgleich sollten auch die SchülerInnen in den Rollen von Maria und Ruth Kleeberg noch etwas Zeit für sich haben.

D) Alle anderen SchülerInnen schreiben **Ich-Texte** in der Rolle von Maria oder Erich Kleeberg: Tagebuch-Notizen im September 1941 unter der Überschrift „Unser Leben in der Ohestraße".

2. Schritt: Phase der Präsentation und Reflexion (ca. 45 Min.)

A) Einige Ich-Texte werden vorgelesen und unter der Fragestellung besprochen, inwieweit sich die Tagebuchnotizen dem Alltag in der Ohestraße realistisch angenähert haben.

B) Die Standbild-Gruppe übernimmt oder schafft sich eine freie Fläche für ihre Präsentation. Die anderen S. sollen sich zeitgleich so stellen oder hinsetzen, dass sie einen freien Blick auf die Spielfläche haben. Dann baut die Gruppe schweigend ihr Standbild auf. L. fordert die anderen S. auf, das Bild bis in die Einzelheiten hinein (Körperhaltung, Gestik, Mimik) zu beschreiben und zu deuten. Danach könnte ein Mitglied der Standbild-Gruppe, das nicht Teil des Bildes ist, erklären, welche Botschaft sie wie sichtbar machen wollte. Anschließend signalisiert die Lehrkraft mit einer kurzen Berührung an der Schulter den Bild-Figuren nacheinander mit einer kurzen Botschaft (ich bin ..., ich fühle mich ...) aus dem Bild zu gehen. Abschließend können die anderen S. Fragen zum Standbild stellen oder zur Präsentation Stellung nehmen.

C) L. arrangiert die Spielfläche für das Interview, erinnert an das Thema und die Rollenvorgaben, dann wird das Interview fiktiv im Judenhaus in Ahlem gespielt. L. entscheidet über den Anfang und das Ende der Spielszene. Dann haben zunächst die Mitspielenden das Wort: *Wie haben sie sich in ihrer Rolle gefühlt? Wie zufrieden sind sie mit der Darstellung ihrer übernommenen Rolle?* Danach ist Raum für Rückmeldungen oder Fragen aus dem Plenum. Ggf. kann L. auch Fragen einbringen, z. B.: *Wie überzeugend wurden die verschiedenen Rollen gespielt? Oder: Wie glaubwürdig waren die Antworten von Ruth und Maria Kleeberg?*

D) Feedback zur Methodik dieser Stunde mithilfe der Methode **Votum-Ei**. L. zeichnet zwei Spiegel-Eier an die Tafel und fordert die S. auf mit jeweils einem Kreuz auf folgende Fragen zu antworten:
Frage zum linken Spiegel-Ei:
Inwieweit fandet ihr die Gestaltung dieser Stunde mit den Methoden Standbild, Interview und Ich-Texte ***interessant?***
Kreuz in das Gelbe vom Ei heißt: *sehr interessant*
Kreuz auf die Grenze zwischen Gelb und Weiß heißt: *interessant*
Kreuz im weißen Bereich heißt: *zum Teil interessant, zum Teil nicht interessant*
Kreuz außerhalb der Ei-Fläche heißt: *diese drei Methoden waren alle langweilig*
Frage zum rechten Spiegel-Ei:
Inwieweit waren diese drei Methoden ***hilfreich****, um sich in das Leiden der Familie Kleeberg besser einfühlen und damit auch ihr Leben besser verstehen zu können?*
Kreuz in das Gelbe vom Ei heißt: *sehr hilfreich*
Kreuz auf die Grenze zwischen Gelb und Weiß heißt: *hilfreich*
Kreuz im weißen Bereich heißt: *zum Teil hilfreich, zum Teil nicht hilfreich*
Kreuz außerhalb der Ei-Fläche heißt: *diese drei Methoden waren nicht hilfreich*

L. muss entscheiden, ob sie die S. auffordert, beide Kreuze nacheinander zu setzen, um dann beide Meinungsbilder in einem Durchgang kurz zu besprechen. Oder ob sie erst nur zu einem Spiegel-Ei eine Rückmeldung veranlasst, dann das Ergebnis kurz bespricht und anschließend mit dem zweiten Spiegel-Ei entsprechend verfährt. In jedem Fall sollte die Lehrkraft mit dem Rücken zur Tafel sitzen, wenn die S. ihre Kreuze machen.

Kreative Alternativen

Schreibgespräche in den Rollen Maria und Erich Kleeberg wären auch eine interessante Alternative zu der in diesem Entwurf eingesetzten Methode Ich-Texte.

Die Methode **Blitzlicht** wäre eine Alternative, um ein Meinungsbild zu den Fragen zum Votum-Ei zu erstellen, falls z. B. die Zeit für die Methode Votum-Ei nicht mehr hinreichend ist.

Dritte Verlaufsplanung (90 Min.)

1. **Schritt: Ausschnitte aus dem Leben von Frieda und Hermann Kleeberg nachzeichnen, nachempfinden und in den historischen Kontext einordnen** (ca. 45 Min.)
   A) L. informiert über die Anschläge auf Synagogen und jüdische Geschäfte am 9./10. November 1938. Oder: S. hält eine zu Hause vorbereitete **2-Minuten-Rede** zu diesem Thema.
   B) Im Plenum wird geklärt, welche Informationen **Text 2** über das Leben von Frieda und Hermann Kleeberg in dem Zeitraum von 1938 bis 1941 gibt (Zeile 13–30).
   C) Die S. sollen schweigend in Zweiergruppen **Schreibgespräche** in den Rollen von Frieda und Hermann Kleeberg führen und sich dabei vorstellen, dass sie dicht zusammengedrängt mit vielen anderen jüdischen BürgerInnen in einem Viehwaggon auf dem Boden sitzen, Teil eines Zuges, der sie von Hannover nach Riga transportiert. Das Thema des Schreibgespräches lautet: *Wir haben Angst und Hoffnung.* Die Lernenden sollen abwechselnd in zwei Spalten schreiben und in ihren Äußerungen möglichst aufeinander Bezug nehmen.

D) Mehrere Schreibgespräche werden mit verteilten Rollen vorgelesen und auf ihre Realitätsnähe hin besprochen. Die S. können auch auf ihre Gefühle während des Schreibgespräches angesprochen werden.

E) L.- Vortrag, Basisinformationen:
Reinhard Heydrich erklärte Adolf Eichmann im September 1941: *„Ich komme vom Reichsführer; der Führer hat nunmehr die physische Vernichtung der Juden angeordnet.“* (Hilberg 1982, 284) In vielen Städten Polens, Weißrusslands und der baltischen Länder wurden 1940/41 für die einheimischen jüdischen MitbürgerInnen geschlossene und bewachte Gettos geschaffen. In Riga entstanden im Oktober 1941 zwei Gettos für die lettischen Juden. In Riga wurden bereits zwischen dem 8. November und dem 8. Dezember 1941 von 28 800 in den Gettos lebenden Juden 24 000, auch zahlreiche jüdische Arbeitskommandos, in den umliegenden Wäldern von deutschen Polizeitruppen mit Maschinengewehren erschossen. Russische Kriegsgefangene wurden zuvor gezwungen, Hinrichtungsgruben auszuheben. In Kowno (Litauen) wurde an einem einzigen Tag, dem 28. Oktober 1941, die Hälfte der Gettobewohner, etwa 10 000 Menschen, hingerichtet. Juden aus dem Reich wurden zu Zehntausenden in die osteuropäischen Gettos deportiert (nachweislich kamen Deportationszüge aus Dortmund, Hannover, Berlin und Wien nach Riga). Reichsjuden, die keine Bedeutung für die Kriegswirtschaft hatten, wurden direkt zu den Hinrichtungsstätten geschickt. Insgesamt wurden in dem Zeitraum Oktober 1941 bis zum 31.1.1942 allein in den baltischen Ländern mehr als 220 000 Juden erschossen. In der zweiten Hälfte 1942 wurden die in den Gettos noch Lebenden bewusst dem Hungertod ausgesetzt. Der mächtige Nationalsozialist, Polens Generalgouverneur Frank, ordnete im Oktober 1942 z. B. eine Kürzung der Zuteilungen von Lebensmitteln für die Juden Warschaus an und notierte dabei in seinem Tagebuch: *„Während der Wintermonate wird die Sterblichkeit zweifellos steigen ...“*.

Mit dem Aufstand im Warschauer Getto im April 1943 begann die Schlussphase. Alle Gettos wurden nach und nach aufgelöst und niedergerissen, ihre Bewohner wurden zu den Hinrichtungsstätten oder Gaskammern gebracht, nur ein sehr geringer Teil überlebte in Arbeitslagern (vgl. Reitlinger 1979, 62, 101 f., 239 f.).

2. Schritt: Aufklärung über jüdische Gettos in Osteuropa (ca. 45 Min.)

A) Inhaltliche Auseinandersetzung mit dem Lehrervortrag auf der Basis der Methode **gruppenorientierte Meinungsbildung.** Zunächst muss die Lehrkraft den Ablauf der Methode erklären. Wenn dann alle zu viert oder fünft an Tischen eine Gruppe gebildet haben, kann L. den gekürzten Basistext über die jüdischen Gettos in Osteuropa (bis ... „allein in den baltischen Ländern mehr als 220.000 Juden erschossen") ausgeben oder auf die Tablets der SchülerInnen übertragen. Darunter können z. B. folgende Arbeitsaufträge zu lesen sein: Lies zunächst leise den Text über die jüdischen Gettos.
Lies dann die folgenden Fragen und schreibe deine Antworten schweigend unter die Fragen. Die Fragen lauten:
1. *Wann und wie endete wahrscheinlich das Leben von Frieda und Hermann Kleeberg?*
2. *Warum haben die Nazis Zehntausende deutsche Juden zunächst mit Zügen nach Riga oder in andere osteuropäische Städte gebracht und dort ermordet?*
3. *Warum haben sich die deutschen Polizeitruppen in Riga nicht gegen den Auftrag gewehrt, 24 000 jüdische Zivilisten in den umliegenden Wäldern zu erschießen?*

B) Wenn für L. erkennbar ist, dass die meisten S. die Fragen beantwortet haben, folgt die Aufforderung aufzustehen, schweigend um den Gruppentisch herum zu gehen, die Antworten der anderen zu lesen und Fragen oder Kommentare einzutragen, um dann wieder den eigenen Platz einzunehmen und zu lesen, was in der Zwischenzeit an Rückmeldungen zu den eigenen Antworten eingegangen ist. Wenn viele sitzen, sollte der letzte Auftrag erfolgen: *Versucht euch in eurer Gruppe auf eine Antwort zu jeder Frage zu einigen.* Am Ende steht eine Auswertung der Gruppenarbeit im Plenum.

Anmerkungen

Die Planungen beider Schritte verlangen eine zügige Vorgehensweise. Wenn der Zeitraum von 45 Minuten für den zweiten Schritt nicht zur Verfügung steht, kann auch die verkürzte Variante der Methode gruppenorientierte Meinungsbildung angewandt werden, indem die Phase des Herumgehens und schriftlichen Kommentierens der Antworten der anderen übersprungen wird.

Kreative Alternativen

Eine **Sprechmühle** – mit Fragen zur Situation am Bahnhof Fischerhof, im Deportationszug, am Bahnhof in Riga – wäre eine Alternative zu den Schreibgesprächen.

Alternativ könnte der gekürzte Basistext des Vortrags am Anfang des zweiten Schrittes allen zugänglich gemacht werden und nach einer individuellen Lesephase könnten die ersten zwei Fragen, die für die gruppenorientierte Meinungsbildung ausgewiesen wurden, mit der Methode **Redekette** besprochen werden. Die wahrscheinlich danach noch verfügbaren 35 Minuten könnten dann mit der Variante **PartnerInnenstreitgespräch** sinnvoll gestaltet werden, um die dritte Frage intensiv zu bearbeiten. Abstrakt wäre das Thema: Anpassung oder Widerstand in einer Diktatur. Konkret empfehle ich als Thema: *Hätten die deutschen Polizeitruppen 1941/42 in Riga den Auftrag, Zehntausende jüdische Zivilisten zu erschießen, verweigern müssen oder war es in der damaligen Zeit unmöglich eine solche Anweisung zu verweigern?* Dieses Streitgespräch erfordert eine kurze Vorbereitungszeit, in der im Plenum oder individuell Argumente für beide Positionen gesammelt werden. Dann erfolgen die zwei Durchgänge des PartnerInnenstreitgespräches, sodass alle zunächst die eine Position (Widerstand) und dann die andere (Anpassung) vertreten müssen. Es ist Sache der Lehrkraft die Streitgespräche zu starten

und zu beenden. Eine kurze Plenumsdiskussion über beide Haltungen könnte den Abschluss bilden, ist aber nicht zwingend geboten.
Eine interessante Alternative zu PartnerInnenstreitgesprächen wäre die Methode **doppelte Diskussionsrunde**.

Vierte Verlaufsplanung (135 Min.)

Basistext 3
Verhaftung – Deportation – Ankunft in Auschwitz

(Eine Darstellung auf der Basis zahlreicher, z. T. gekürzter Zitate aus dem Buch von Primo Levi „Ist das ein Mensch?" 5. Auflage München 2015)

Am 13. Dezember 1943 wurde ich von der faschistischen Miliz festgenommen. Ich war 24 Jahre alt. Bei den anschließenden Verhören zog ich es vor, mich als „italienischen Staatsbürger jüdischer Rasse" zu bezeichnen. (S. 11)

Als Juden schaffte man mich Ende Januar 1944 nach Fossoli in ein für Kriegsgefangene bestimmtes Internierungslager. Bei meiner Ankunft befanden sich etwa 150 italienische Juden im Lager, innerhalb weniger Wochen stieg ihre Zahl auf über 600. Meistens waren es ganze Familien, die entweder, weil sie unvorsichtig gewesen waren oder weil man sie denunziert hatte, von den Faschisten oder den Nazis festgenommen worden waren. (S. 12)

Am 21. Februar 1944 erfuhr man am Morgen, dass tags darauf die Juden fortgebracht würden. Auch die Kinder, die Alten und die Kranken. Man hatte sich auf eine 14-tägige Fahrt einzurichten. Für jeden, der beim Appell fehlte, würden zehn andere erschossen werden. Jeder nahm auf seine Art Abschied vom Leben. Einige beteten, andere betranken sich. Doch die Mütter sorgten die Nacht hindurch mit liebevoller Hingabe für die Reisenahrung, wuschen die Kinder, richteten das Gepäck. (S. 12/13)

Mit absurder Präzision nahmen am anderen Morgen die Deutschen den Appell vor. „Wieviel Stück?" fragte der Oberscharführer (Anm. B.J.: ein Dienstgrad in der SS) zum Schluss. Der Rottenführer stand stramm und meldete, es seien 650 „Stück" und alles stimme. Man verlud uns auf Autobusse und brachte uns zum

Bahnhof Carpi. Dort erwarteten uns Zug und Bewachung. Und dort bekamen wir die ersten Schläge. Das war so neu für uns und so unsinnig, dass wir keinen Schmerz empfanden. (S. 14)

Aus zwölf Waggons bestand unser deutscher Transportzug und wir waren 650: von außen verriegelte Güterwagen und drinnen Männer, Frauen und Kinder erbarmungslos zusammengedrängt wie Dutzendware, auf der Fahrt ins Nichts. Die Wagentüren waren sofort geschlossen worden, aber erst abends setzte sich der Zug in Bewegung, Bestimmungsort Auschwitz. (S. 15)

Wir litten unter Durst und Kälte. Bei jedem Aufenthalt riefen wir laut nach Wasser oder wenigstens einer Handvoll Schnee, aber nur selten wurden wir gehört. Die Soldaten wiesen jeden zurück, der sich dem Transport zu nähern suchte. Zwei Mütter, ihre Kinder noch an der Brust, jammerten Tag und Nacht flehentlich um Wasser. Die Nächte waren ein Alptraum. Von den 45 Menschen in meinem Waggon – es war der kleinste – haben nur vier ihr Zuhause wiedergesehen. (S. 16)

Mit einmal löste sich dann alles. Die Tür wurde krachend aufgerissen, das Dunkel hallte wider von fremden Befehlen. Vor uns erkannten wir einen von Scheinwerfern angestrahlten Bahnhof. In geringer Entfernung eine Reihe von Lastautos. Ein Dutzend SS-Leute drängten sich zwischen uns, um uns leise und mit steinernen Gesichtern rasch in schlechtem Italienisch auszufragen. „Wie alt? Gesund oder krank?“ Und sie wiesen je nach Antwort in zwei verschiedene Richtungen. Renzo verabschiedete sich zu lange von seiner Braut, und da streckten sie ihn zu Boden mit einem einzigen Hieb mitten ins Gesicht. In weniger als zehn Minuten wurden die arbeitsfähigen Männer alle zu einer Gruppe zusammengestellt. Heute wissen wir, dass in die Lager Monowitz-Buna und Birkenau nur 96 Männer und 29 Frauen unseres Transports eingeliefert wurden und dass von allen anderen, die über 500 zählten, zwei Tage danach, keiner mehr am Leben war. (S. 17/18)

Ohne zu wissen wie, fand ich mich mit etwa 30 anderen auf ein Lastauto verladen, das mit voller Geschwindigkeit in die Nacht raste. Der uns bewachende Soldat fragt, ob wir ihm Geld oder Uhren geben könnten; nachher brauchten wir das doch nicht mehr. Nach etwa 20 Minuten erreichten wir das Lager Monowitz-Buna. Über dem Eingangstor des Lagers steht in grell beleuchteter Schrift: ARBEIT MACHT FREI. Man bringt uns in einen nackten, schwach beheizten Raum. Welchen Durst wir haben! Seit vier Tagen haben wir nichts mehr getrunken. Wir müssen uns in Fünferreihen aufstellen; dann müssen wir uns ausziehen. (S. 19/20)

Vier Männer stürzen mit Rasiermessern und Schermaschinen herein. Sie packen uns und im Handumdrehen sind wir rasiert und geschoren. Was für blödsinnige Gesichter wir ohne Haare haben! Schließlich geht eine andere Tür auf: Da sind wir jetzt alle eingesperrt, nackt, geschoren, es ist ein Duschraum. (S. 21)

Nach fünf Minuten stürzen vier Männer herein und treiben uns, nass und dampfend, wie wir sind, mit Geschrei und Stößen in den angrenzenden, eiskalten Raum. Dort schmeißen uns andere schreiende Kerle Lumpen zu und drücken uns ein Paar Latschen mit Holzsohle in die Hand. Und schon sind wir draußen im eisigen Schnee des frühen Morgens und müssen zu einer 100 Meter entfernten Baracke laufen, erst da dürfen wir uns anziehen. Wir merken, dass unsere Sprache keine Worte hat, diese Schmach zu äußern. Nichts ist mehr unser: Man hat uns die Kleidung, die Schuhe und selbst die Haare genommen. Wenn man einem Menschen buchstäblich alles nimmt, was er besitzt, wird er leer sein, beschränkt auf Leid und Notdurft und verlustig seiner Würde und seines Urteilsvermögens, denn wer alles verloren hat, verliert auch leicht sich selbst. So wird man die zweifache Bedeutung des Wortes „Vernichtungslager" verstehen. (S. 24/25)

Ich lernte, dass ich ein „Häftling" bin. Mein Name ist 174517; wir werden unser Leben lang das tätowierte Mal auf dem linken Arm tragen. Nach der Tätowierung sperrt man uns in eine Baracke, in der sonst kein Mensch ist. Die Betten sind hergerichtet, aber man untersagt uns strengstens, sie zu berühren. So gehen wir sinnlos den halben Tag in dem Raum auf und ab. (S. 25/26)

Ein französischer Häftling kommt herein, entlassen aus dem Krankenbau. Ich frage ihn, ob wir wenigstens unsere Zahnbürsten zurückerhalten werden. Er macht ein verächtliches Gesicht und wirft mir die Worte hin: „Ihr seid hier nicht zu Hause." Später sagen uns alle immer wieder, hier kommt man nur durch den Kamin raus. (S. 27)

Durstig wie ich bin, sehe ich vor dem Fenster einen Eiszapfen hängen. Ich öffne das Fenster und mache den Eiszapfen ab, doch gleich kommt ein großer und kräftiger Kerl, der draußen herumging, und reißt ihn mir mit Gewalt aus der Hand. „Warum?" frage ich. „Hier ist kein Warum", gibt er mir zur Antwort und stößt mich zurück. (S. 27)

Stunde um Stunde geht dieser erste lange Tag der Vorhölle seinem Abschluss entgegen.

Als die Sonne untergeht, werden alle in Reih und Glied auf einen großen Platz geführt und müssen uns in strammer Haltung und mit herausgedrückter Brust ausrichten. Dann warten wir länger als eine Stunde, bis auch alle von ihren Arbeitseinsätzen zurück gekommenen Häftlinge sich in genau festgelegter Ordnung aufgestellt haben. Jetzt werden alle über eine Stunde lang gezählt und endlose Kontrollen vorgenommen, die bei einem im gestreiften Anzug zusammenlaufen, der seinerseits einem SS-Trupp in voller Kriegsausrüstung Meldung macht. Danach erfolgt ein Ruf und alle schleppen sich mit sichtbarer Anstrengung dahin, Richtung Baracken. (S. 27/28)

Basistext 4

Alltag in Auschwitz

(Eine Darstellung auf der Basis zahlreicher, z. T. gekürzter Zitate aus dem Buch von Primo Levi „Ist das ein Mensch?" 5. Auflage München 2015)

Unser Lager ist ein Quadrat von etwa 600 Metern Seitenlänge, umschlossen von zwei Stacheldrahtzäunen, deren innerer mit Hochspannung geladen ist. Es besteht aus 60 Holzbaracken, die man hier Blocks nennt, dazu kommen das gemauerte Küchengebäude und die Dusch- und Latrinenbaracken, je eine für sechs bis acht Blocks. Der Block 47 ist den Reichsdeutschen vorbehalten (den politischen oder kriminellen Deutschen mit arischer Abstammung). Der Block 29 ist das Lagerbordell, versorgt von polnischen Häftlingsmädchen und reserviert für die Wachmannschaften und Angehörige der SS. (S. 29–30)

KB ist die Abkürzung für Krankenbau: acht Baracken. Wenige bleiben länger als zwei Wochen und keiner länger als zwei Monate, denn innerhalb dieser Frist müssen wir sterben oder gesund werden. Wer Aussicht auf Heilung hat, wird im KB behandelt; bei wem eine Verschlechterung zu erwarten ist, der wird vom KB in die Gaskammern geschickt.

Nach 23 Uhr herrscht ein reges Gelaufe zum Eimer neben der Nachtwache. Alle zwei bis drei Stunden müssen wir aufstehen, um die große Wassermenge auszuscheiden, die wir uns tagsüber in Form von Suppe einverleiben mussten, dem Hunger Genüge zu tun. Es ist Gesetz, dass der letzte Benutzer den Eimer zur Latrine bringt und ausleert, ebenso wie es Gesetz ist, dass man nachts nur in Hemd und Unterhose aus der Baracke gehen darf und seine Nummer der Nachtwache hinterlassen muss. (S. 59)

Früh am Morgen gehen die Lichter an und alle ziehen sich mit fieberhafter Eile an, rennen, erst halb bekleidet, in die eisige Luft hinaus, stürzen auf die Latrinen und in den Waschraum; tierisch urinieren viele im Laufen, nur um Zeit zu schinden, denn in fünf Minuten wird Brot ausgegeben. Dieser heilige graue Würfel, der dir in der Hand deines Nächsten so riesig vorkommt und in deiner eigenen so klein, dass du weinen könntest. (S. 36)

Jeden Morgen geht es in Marschkolonnen vom Lager zu einem großen Gelände, um dort die Buna-Werke aufzubauen (Anm. B.J.: für das deutsche Unternehmen IG Farben); jeden Abend geht es in Marschkolonnen wieder zurück. Außer dem deutschen leitenden und technischen Personal arbeiten hier 40 000 Häftlinge, die in Lagern rund um Buna untergebracht sind: das Lager der englischen Kriegsgefangenen, das Lager der ukrainischen Frauen und noch andere Lager. Unser Lager – Judenlager, Vernichtungslager, KZ – liefert ca. 10 000 Arbeitskräfte, die aus allen europäischen Nationen kommen. Wir sind die Sklaven der Sklaven, denen jedermann befehlen kann. Für die Arbeit sind wir in rund zweihundert Kommandos eingeteilt, die jeweils 15 bis 200 Mann stark sind und von je einem Häftling, bezeichnet als Kapo, befehligt werden. (Anm. B.J.: Es sind in der Regel kriminelle Häftlinge, die gegen Vergünstigungen im Auftrag der Lagerleitung die anderen Häftlinge bewachen, kontrollieren und über sie herrschen.) Die Kapos leben in ihrer eigenen Baracke, Block 49. (S. 30/33/69/70).

Die Kommandos sind zum größten Teil für Transportarbeiten eingesetzt, und das ist hart, besonders im Winter, weil alles im Freien getan wird. Die Zahl der Arbeitsstunden ist je nach Jahreszeit verschieden. Sie variiert von einem winterlichen Mindestmaß (8 Uhr bis 12 Uhr und 12.30 bis 16 Uhr) bis zu einem sommerlichen Höchstmaß (6.30 bis 12 Uhr und 13 bis 18 Uhr). Unter gar keinen Umständen dürfen die Häftlinge bei Dunkelheit oder bei dichtem Nebel arbeiten. Der Grund liegt darin, dass Dunkelheit oder Nebel einen Fluchtversuch begünstigen könnten. Jeder zweite Sonntag ist gewöhnlicher Arbeitstag. An den sogenannten freien Sonntagen wird meistens an der Instandhaltung des Lagers gearbeitet, sodass es nur ganz selten wirkliche Ruhetage gibt. (S. 33/34)

Mein Bettnachbar heißt Schmulek und ist Schmied. Zwei SS-Männer treten ein; sie sprechen mit dem leitenden Arzt, der ihnen eine Liste vorweist und hierhin und dorthin deutet. Ein SS-Offizier macht sich Aufzeichnungen in sein Notizbuch, geht, vom Arzt gefolgt, stumm zwischen den Betten hin und her. Er hat eine Reitpeitsche in der Hand. Nun hat er seine Augen auf Schmulek gerichtet. Er zieht sein Notizbuch, vergleicht die Bettnummer und die Tätowierungsnummer und macht neben Schmuleks Nummer ein Kreuzchen. Am nächsten Tag werden zwei getrennte Gruppen entlassen. Die einen werden rasiert, geschoren und geduscht. Die anderen gehen wie sie sind, mit langen Stoppelbärten, ohne neuen Verband und ungeduscht. Von denen sagt keiner auf Wiedersehen. Zu denen gehört Schmulek. So gelassen geht im KB Tag für Tag das Morden um. (S. 43, 50/51)

Die gewöhnlichen Blocks sind in zwei Räume aufgeteilt; in dem einen wohnt der Barackenälteste mit seinen Freunden. In einer Ecke steht ein Schrank mit zwei Gummiknüppeln, zur Aufrechterhaltung der Ordnung. Der andere ist der Schlafraum. Darin nichts weiter als dreistöckige Betten. In jeder Baracke sind 200 bis 250 Häftlinge untergebracht, sie müssen sich meistens ein Bett teilen, dessen Boden jeweils aus einer losen Holzplatte besteht und das mit je einem dünnen Strohsack und zwei Decken versehen ist.

In der Mitte des Lagers erstreckt sich ein riesiger Appellplatz, wo morgens und abends die Arbeitskolonnen antreten, kontrolliert und gezählt werden. Vor dem Platz liegt ein Rasenbeet, wo im Bedarfsfall die Galgen errichtet werden. (S. 30/31)

Es gibt drei Gruppen: Die Kriminellen haben ein grünes Dreieck auf die Jacken genäht, die Politischen ein rotes Dreieck und die Juden, die bei weitem in der Mehrzahl sind, den rot-gelben Judenstern. Unsere eigentlichen Herren sind die Grünen Dreiecke, die frei über uns verfügen können.

Noch eines lernen wir schnell: mit „Jawohl!" zu antworten, nie zu fragen und immer so zu tun, als habe man verstanden. Wir lernen, dass man alles brauchen kann: Draht, um sich die Schuhe zu binden, Lumpen, um sich Fußlappen zu machen, Papier, um in der Jacke Kälteschutz zu schaffen. (S. 31)

Unzählbar sind die Verbote: auf weniger als zwei Meter an den Stacheldraht heranzugehen, mit der Jacke oder Kopfbedeckung zu schlafen, die Baracke mit aufgeknöpfter Jacke zu verlassen, unter der Kleidung Papier oder Stroh gegen die Kälte zu tragen ... Endlos sind die Vorschriften: Tag für Tag muss man morgens „das Bett" machen, vollkommen gerade und glatt und man muss die verdreckten Holzpantinen mit Maschinenfett einschmieren. Sonntags muss man sich der allgemeinen Krätzekontrolle und der Kontrolle der Jackenknöpfe unterziehen, und es müssen fünf an der Zahl sein. Wenn die Fingernägel nachgewachsen sind, muss man sie kürzen, was nicht anders als mit den Zähnen geschehen kann. (S. 32)

So wird unser Leben aussehen. Tag für Tag nach dem festgesetzten Rhythmus ausrücken und einrücken; arbeiten, schlafen und essen; krank werden, gesund werden oder sterben.

Vergangenheit und Zukunft auszulöschen, lernt man rasch, wenn die Not drängt. 14 Tage nach meiner Einlieferung habe ich schon den chronischen Hunger, den die freien Menschen nicht kennen, der nachts Träume hervorruft. Schon habe ich auf meinem Fußrücken die stumpfen Wunden, die nicht heilen werden. Ich schiebe Waggons, ich arbeite mit der Schaufel, ich ermatte im Regen, ich zittere im Wind. Schon ist mein eigener Körper nicht mehr mein: der Bauch ist gedunsen, die Glieder sind verdorrt, das Gesicht ist am Morgen verschwollen und am Abend ausgehöhlt. Einige von uns haben eine gelbe Haut, andere eine graue; sehen wir uns drei oder vier Tage nicht, erkennen wir uns kaum wieder. (S. 34/35)

Basistext 5
Ist das ein Mensch?

Ihr, die ihr gesichert lebet
In behaglicher Wohnung;
Ihr, die ihr abends beim Heimkehren
Warme Speise findet und vertraute Gesichter:
    Denket, ob dies ein Mann sei,
    Der schuftet im Schlamm,
    Der Frieden nicht kennt,
    Der kämpft um ein halbes Brot,
    Der stirbt auf ein Ja oder Nein.
    Denket, ob dies eine Frau sei,
    Die kein Haar mehr hat und keinen Namen,
    Die zum Erinnern keine Kraft mehr hat,
    Leer die Augen und kalt ihr Schoß
    Wie im Winter die Kröte.
    Denket, dass solches gewesen.
Es sollen sein diese Worte in eurem Herzen,
Ihr sollt über sie sinnen, wenn ihr sitzet
In einem Hause, wenn ihr geht auf euren Wegen,
Wenn ihr euch niederlegt und wenn ihr aufsteht;
Ihr sollt sie einschärfen euern Kindern.
    Oder eure Wohnstatt soll zerbrechen,
    Krankheit soll euch niederringen,
    Eure Kinder sollen das Antlitz von euch wenden.

Primo Levi (1945 oder 1946)
Quelle: *„Ist das ein Mensch?“*, 5. Auflage. München 2015, S. 9

1 Schritt: Orientierung über das Todeslager Auschwitz
(ca. 90 Min)

A) L. gibt eine kurze Einführung, z. B. zu den Fragen: Wie viele KZ bauten die Nazis? Wo und wann entstand das Todeslager Auschwitz? Wie viele Menschen wurden in Auschwitz ermordet? ...

B) L. macht eine Zitatensammlung aus der Autobiographie des italienischen Juden und Auschwitz-Überlebenden Primo Levi *„Ist das ein Mensch?“* zugänglich, die anschaulich das Thema *„Verhaftung – Deportation – Ankunft in Auschwitz“* verdeutlicht (**Text 3**). Die Zitate können langsam und mit kurzen Pausen zwischen den Absätzen in ca. 10 Minuten vorgelesen werden.

C) Texterarbeitung mit der Methode **Sprechmühle**. L. erklärt die Methode und macht ruhige Instrumentalmusik oder jüdische Trauermusik an. Die S. schlendern auf einer Freifläche umher wie auf einem Marktplatz. Kurze Zeit später stoppt die Musik und die S. werden aufgefordert, sich zu zweit gegenüber zu stellen und folgende Frage zu diskutieren: *Wie haben sich die vielfältigen Formen der Erniedrigung auf die jüdischen Häftlinge ausgewirkt?* Wenn die Zweiergespräche weitgehend verstummt sind, stoppt die Lehrkraft die Musik und die S. gehen wieder herum bis zum nächsten Stopp, der Bildung neuer Zweiergruppen und der Diskussion der Fragen: *Warum wurden die Jüdinnen und Juden so entwürdigend behandelt? Was geschah mit mehr als 500 nach Auschwitz deportierten Menschen, die nie im Lager Monawitz-Buna oder einem anderen Lager ankamen?* Es folgen ein dritter und vierter Durchgang mit den Fragen: *Was meint der italienische Häftling Primo Levi mit seiner Äußerung, das KZ Auschwitz sei im doppelten Sinn ein Vernichtungslager? Wenn ihr mit Primo Levi in seiner Zeit als KZ-Häftling hättet sprechen können, was hättet ihr ihm gesagt?*

Im Plenum folgt eine gelenkte Aussprache über die in der Sprechmühle gefundenen Antworten. Bei der Diskussion der zweiten und dritten Frage könnte es sinnvoll sein, dass die Lehrkraft einzelne Zitate noch einmal vorliest.

D) L. macht eine zweite Darstellung (**Text 4**) mit Zitaten zum Thema *„Alltag in* Auschwitz“ allen zugänglich, ebenfalls ausgewählt aus der Schrift von Primo Levi *„Ist das ein Mensch?“* Der Text sollte in ca. 10 Minuten still gelesen werden. Es folgt eine **Redekette** mit dem Impuls: *Welche Gedanken und Gefühle habt ihr in euch wahrgenommen, als ihr den Text gelesen habt?* Ggf. könnte ein zweiter Impuls folgen, z. B.: *Wie war es möglich, dass Menschen Menschen über Jahre hinweg so unmenschlich behandelt haben?*

E) Die zwei Absätze zum Krankenbau werden vorgelesen. L. thematisiert die Schuldfrage: *Inwieweit haben sich die Ärzte im KZ Auschwitz mitschuldig gemacht, weil sie fast täglich mit der SS aktiv kooperierten bei der Auswahl jener kranken Häftlinge, die am Folgetag vergast wurden?* Die Schuldfrage soll in **rollenbezogenen PartnerInnenstreitgesprächen** diskutiert werden. Die eine Hälfte der S. übernimmt die Rolle von Primo Levi und wirft einem KZ-Arzt z. B. unter Bezug auf seinen Eid als Arzt und auf sein Gewissen Mitschuld an der Vergasung vieler kranker und unschuldiger Menschen vor. Die andere Hälfte übernimmt die Rolle eines polnischen Arztes, der wegen kritischer Äußerungen über Hitler als politischer Häftling nach Auschwitz überführt wurde, sich aber durch seine Mitarbeit als Arzt auf der Krankenstation eine deutlich bessere Position in Bezug auf Unterkunft und Ernährung verschaffen konnte. Er ist davon überzeugt, dass jede Form der Verweigerung der Zusammenarbeit mit der SS seinen Tod bedeutet hätte. Alle haben gut fünf Minuten Zeit, sich mit Argumenten auf beide Positionen vorzubereiten. Dann sollen sich alle zu zweit gegenüber stellen. Die Lehrkraft startet die erste Runde im dialogischen Streitgespräch, es beginnt Primo Levi. Wenn die Gespräche abflauen, sollen alle den Platz tauschen und jetzt die Gegenposition vertreten. Nach den zwei Durchgängen sollte eine kurze Aussprache im Plenum erfolgen: Inwieweit entstanden echte Streitgespräche? Welche Argumente hatten die stärkste Überzeugungskraft?

F) Falls noch Zeit bleibt, könnte der letzte Absatz von Text 4 noch einmal vorgelesen und kurz diskutiert werden.

2. **Schritt: Vertiefung und Ausblick** (ca. 45 Min.)

A) S. oder L. hält in ca. fünf Minuten einen Vortrag über das Ende von Auschwitz: das Näherrücken der russischen Truppen, die Flucht der Wachmannschaften und der Angehörigen der Waffen-SS, der Kampf ums Überleben von Primo Levi und anderen Häftlingen (Basis: die Seiten 143–165 aus der Autobiographie von Primo Levi). Eine kurze Aussprache über den Vortrag sollte folgen.

B) Das Gedicht von Primo Levi „Ist das ein Mensch?" (**Text 5**) wird mit der Methode **gruppenorientierte Meinungsbildung** erschlossen. Alle sitzen zu viert oder fünft an Gruppentischen und L. macht das Gedicht von Primo Levi allen zugänglich. Unter dem Gedicht könnte folgender Text stehen: Lest bitte zunächst leise das Gedicht und beantwortet danach schriftlich folgende Fragen in Einzelarbeit:
   - Wie ist die Zeile *„Der stirbt auf ein Ja oder Nein"* zu verstehen?
   - In welchen Zeilen stellt Primo Levi welche Forderungen an die Zukunft?
   - Welche Bedeutung haben seine Forderungen für uns heute?
   - Welche Gefühle kommen in den letzten drei Zeilen zum Ausdruck?

   Anschließend folgt eine Diskussion über die formulierten Antworten – zunächst an den Gruppentischen, dann im Plenum.

C) Ein **Blitzlicht** mit dem Impuls: *Wie hast du die Zitate, den Vortrag und die Gespräche über das Leben und Sterben in Auschwitz erlebt?*

Anmerkungen

Für die kurze Einführung am Anfang der 4. Verlaufsplanung bzw. zur Vertiefung des Wissens über Auschwitz empfehle ich Lehrkräften das wissenschaftliche Werk von Raul Hilberg: „Die Vernichtung der europäischen Juden. Die Gesamtgeschichte des Holocaust", insbesondere ab Seite 595.

Die Basistexte 3 und 4 sind umfangreich. Wer Bedenken hat, Textes dieses Umfangs einzubeziehen, könnte versuchen die Texte vorab vertretbar zu kürzen.

Ergänzend könnte das folgende Zitat in das Gespräch über das Gedicht einbezogen werden: *„Von hier darf keiner fort, denn er könnte mit dem ins Fleisch geprägten Mal auch die böse Kunde in die Welt tragen, was in Auschwitz Menschen aus Menschen zu machen gewagt haben ... Und könnte aus unserem Lager eine Botschaft hinaus dringen zu den freien Menschen, so lautete sie: Sorget, dass euch in euerm Heim nicht geschehe, was uns hier geschieht." (Levi 2015, 53)*

Fünfte Verlaufsplanung (90 Min.)

Basistext 6

Einordnung des Antisemitismus in das Menschen- und Gesellschaftsbild des Rechtsextremismus

Der Antisemitismus ist Teil des rechtsextremistischen Weltbilds, mit dem sich zur Zeit jeder zwölfte Erwachsene in Deutschland identifiziert. Es gibt **typische rechtsradikale** Denkmuster, die sich bei allen rechtsextremistischen Gruppierungen finden lassen – z. B. bei den gewaltbereiten Kameradschaften im Bereich der Neonazi-Szene und natürlich auch in den rechtsextremistischen Parteien:

– Rechtsextremismus beruht auf einer rassistischen Gesinnung. Ziel ist die Wahrung und Durchsetzung einer **Volksgemeinschaft auf der Basis der Blutsbande**. Nur wer von Geburt und Herkunft her Deutsche*r ist, gehört zur Volksgemeinschaft. Der Rassismus der Rechtsextremisten führt zu rassistischen Vorurteilen, die sich in Ablehnung, Verachtung und Hass gegenüber zahlreichen Minderheiten zeigen. Dazu gehören: Ausländerfeindlichkeit („Ausländer raus"), die Forderung, politische Flüchtlinge wieder vom deutschen Boden zu vertreiben, die **Verachtung von Menschen wegen ihrer Hautfarbe oder Religion.** In diesen Zusammenhang gehört auch die Herabsetzung und Ablehnung Menschen jüdischen Glaubens, bezeichnet als Antisemitismus. Unter Rechtsextremisten steigert sich diese gruppenbezogene Menschenfeindlichkeit zu Gewaltphantasien und der Ausübung von Gewalt gegenüber Angehörigen zahlreicher Minderheiten. Die gewaltsame Vertreibung aller sogenannten „Fremdgruppen" vom deutschen Staatsgebiet wird aus Sicht der extremen Rechten als „Akt der Befreiung" angesehen.

- Allein in Niedersachsen erfassten die Staatsanwaltschaften im Jahr 2022 314 antisemitische Straftaten, überwiegend Hakenkreuz-Schmierereien oder das Zeigen des Hitler-Grußes bzw. die Billigung von Straftaten gegen Jüdinnen und Juden oder die Leugnung des Holocausts. Die zivilgesellschaftliche Recherche- und Informationsstelle Antisemitismus registrierte in einer Woche (vom 7.-15. Oktober 2023) 202 antisemitische Vorfälle in Deutschland insgesamt. Im Rückblick auf viele Jahre ist belegt, dass ca. 80 Prozent aller antisemitischen Handlungen von Rechtsextremisten verübt wurden. Viele Jüdinnen und Juden im Land der Täter von einst leben wieder in Furcht. Zugleich finden verschiedene antisemitische Meinungen über die rechtsextreme Szene hinaus eine bedenklich hohe Zustimmung in der deutschen Bevölkerung, so eine repräsentative Umfrage der Friedrich-Ebert-Stiftung im Jahr 2023. Eine typisch antisemitische Äußerung ist z. B.: *„Durch ihr Verhalten sind Juden an ihren Verfolgungen mitschuldig"*. Der Aussage stimmten 7,2 Prozent der Befragten zu, 10,8 Prozent der Befragten bejahten diese Aussage zum Teil, zum Teil nicht.
- In der rechtsextremen Vorstellung führt die Volksgemeinschaft zu einem Staatsverständnis, das auf dem **Führerprinzip** beruht. Der jeweilige Führer soll nach dem angeblich einheitlichen Willen des deutschen Volkes handeln. 2016 zeigte sich in einer repräsentativen Befragung der Friedrich-Ebert-Stiftung, dass 12,2 Prozent der Bevölkerung folgender Meinung voll und ganz oder überwiegend zustimmten: *Wir sollten einen Führer haben, der Deutschland zum Wohle aller mit starker Hand regiert* (vgl. Zick u. a. 2016, 124) Das Staatsverständnis ist folglich demokratiefeindlich und führt dazu, dass PolitikerInnen, Parteien und letztlich die De-

mokratie selbst verächtlich gemacht werden. PolitikerInnen und demokratisch gesinnte Parteien werden als korrupt oder elitär verunglimpft oder mit Fake-News überzogen.

– Der Glaube an die Volksgemeinschaft, das Führerprinzip sowie der Rassismus waren typisch für die **Weltanschauung der Nationalsozialisten**, auch im **Antisemitismus** zeigt sich die Ähnlichkeit des Denkens. Es kann insofern nicht überraschen, dass eine verherrlichende oder zumindest verharmlosende Darstellung der Nazi-Diktatur von 1933 – 1945 für den heutigen Rechtsextremismus typisch ist.

1. Schritt: Widerstand gegen Antisemitismus und Rechtsextremismus anbahnen (ca. 45 Min.)

A) L. überträgt den **Text 6** „Einordnung des Antisemitismus in das Menschen- und Gesellschaftsbild des Rechtsextremismus“ auf die Tablets der SchülerInnen oder verteilt ihn ausgedruckt an alle. Der Text wird vorgelesen. L.- gelenktes Gespräch mit dem Ziel, den Text zu verstehen.

B) PartnerInnenarbeit: Die S. entwerfen in der Rolle von Primo Levi eine **2-Minuten-Rede**, in der der Auschwitz-Überlebende Stellung nimmt zum aktuellen Antisemitismus und Rechtsextremismus in Deutschland. Der erste Satz, der Neugierde oder Betroffenheit provozieren sollte, und der letzte Satz, der die Kernbotschaft noch einmal hervorhebt, sollten im Wortlaut auf einer DIN-A5-Karte ausformuliert werden. Alle anderen Sätze sollten im Interesse einer freien Rede nur in Stichworten notiert werden.

C) Mehrere Reden werden gehalten und von den anderen kurz unter der Fragestellung kommentiert, inwieweit die jeweilige Rede vermutlich dem Denken und den Gefühlen von Primo Levi entspricht und mit überzeugenden Aussagen vorgetragen wurde.

2. Schritt: Ausblick in die Zukunft (45 Min.)

A) L. präsentiert das bekannte Zitat des Soziologen und Philosophen Theodor W. Adorno, dem es als jüdischem Wissenschaftler gelang, rechtzeitig vor der drohenden Ermordung durch die Nazis in die USA zu flüchten. Adorno formulierte 1966 in einem Vortrag: *„Die Forderung, dass Auschwitz nicht noch einmal sei, ist die allererste an Erziehung." (Adorno 1970, 92).* L. erklärt die zentralen Botschaften dieser Äußerung. (Hilfreich für die L. könnte in diesem Zusammenhang noch das folgende Adorno-Zitat sein: *„Die einzig wahrhafte Kraft gegen das Prinzip von Auschwitz wäre Autonomie ... die Kraft zur Reflexion, zur Selbstbestimmung, zum Nicht-Mitmachen."* Adorno 1970, 97)

B) Eine konkrete und schülerorientierte Auseinandersetzung mit diesem Zitat aus dem Jahr 1966 soll mit der Methode **doppelte Diskussionsrunde** erfolgen. L. erklärt die Methode und gestaltet die erforderliche Sitzordnung. Dann diskutiert im Innenkreis eine kleine Gruppe von SchülerInnen, gelenkt von der Lehrkraft, folgende Aufgabe: *Diskutiert, was die Erziehung in Familie und Kindertagesstätte leisten könnte, um Kinder widerstandsfähig zu machen gegen den menschenverachtenden Antisemitismus und Rechtsextremismus.* Wenn hinreichend Antworten gefunden wurden oder das Gespräch nicht mehr voran kommt, wechselt die Lehrkraft zur zweiten Aufgabe:*Diskutiert, was Erziehung in Schulen leisten könnte, um Kinder und Jugendliche widerstandsfähig zu machen gegen Antisemitismus und Rechtsextremismus.* Nach der zweiten Diskussionsphase werden beide Aufgaben zum Gegenstand einer Diskussion mit der ganzen Klasse, wieder gelenkt von der Lehrkraft.

C) Feedback zur Unterrichtseinheit mit der Methode **Motorinspektion**. Auf einer freien Fläche werden zwei Stühle im Abstand von drei bis vier Metern gestellt. Der eine Stuhl symbolisiert Zufriedenheit mit den Lernfortschritten am Ende dieser Unterrichtseinheit, der andere Stuhl Unzufriedenheit mit den eigenen Lernfortschritten. Alle werden aufgefordert, sich den für sie richtigen Platz zu wählen, sodass ihre Zufriedenheit oder Unzufriedenheit mit den eigenen Lernfortschritten deutlich wird. Wünschenswert wäre, wenn möglichst viele mit kurzen Worten ihre Position erklären könnten.

Anmerkungen

Wenn sich im Verlauf der Diskussionsrunde die Einschätzung aufbaut, dass die Klasse durch die gestellten Aufgaben überfordert wird, könnte alternativ zur zweiten Aufgabe auch das Lied *„Sage Nein“* von Konstantin Weeker vorgespielt werden, um mit einem musikalischen Impuls im Sinne der zweiten Aufgabe in die gewünschte Diskussion zu kommen.

Falls Interesse besteht, weitere autobiographische Literatur über das Leben und Sterben in Konzentrationslagern einzubeziehen, empfehle ich das Buch von Hanna Lévy-Hass „Vielleicht war das alles erst der Anfang. Tagebuch aus dem KZ Bergen-Belsen 1944–1945“.

Die erste und fünfte Verlaufsplanung ergeben darüber hinaus auch eine sinnvolle fünfstündige Unterrichtseinheit für den Politikunterricht – zum Thema *„Rechtsextremismus damals und heute“*.

Kreative Alternativen

Als Alternative zur doppelten Diskussionsrunde kommt die Methode **Schreibgespräche** in Betracht.

Das Programm der Schritte 1 und 2 ist umfangreich, es bedarf einer zügigen Vorgehensweise. Falls am Ende Zeit fehlt, um mit der Methode Motorinspektion zu arbeiten, wäre es auch möglich mit der Methode **Votum-Ei** zügiger das erwünschte Feedback einzuholen.

5. THESEN ZUR ARBEIT MIT VIELFÄLTIG AKTIVIERENDEN METHODEN

1. These

Vielfältig aktivierende Methoden fördern die Freude am Lehren und Lernen Dabei sollte im Blick bleiben, dass es sich um Methoden zur intensiven Bearbeitung historischer Themen handelt, nicht um Motivationstricks zur Auflockerung des Unterrichtsalltags. Wenn Sie die Fachkonferenz Geschichte nutzen können, um einzelne aktivierende Methoden klassenübergreifend in den Unterrichtsalltag einzuführen, findet diese Umorientierung zügiger die Akzeptanz der FachkollegInnen und SchülerInnen.

2. These

Alle Erfahrungen der Anwendung meines Methoden-Repertoires – mit Schulklassen, Studierenden und Lehrenden – belegen, dass sich das Lernklima deutlich verbessert. Da sich die Beteiligten unterschiedlich einbringen können, entsteht mehr Raum für Prozesse der Selbst- und Fremdwahrnehmung. Das Ich des Einzelnen und die Dynamik der Gruppe gewinnen an Bedeutung.

3. These

Berufsanfänger wollen häufig zu vieles zu schnell verändern, sind dann enttäuscht, wenn der Einsatz nachhaltig aktivierender Methoden nicht den gewünschten Erfolg zeigt – und fallen zurück in die traditionelle Unterrichtsmethodik. Ursache ihres Scheiterns sind aber in vielen Fällen typische Anfängerfehler, die von ihnen nicht gesehen werden – z. B. unklare Arbeitsanweisungen, der Einsatz von Texten, die die SchülerInnen kognitiv überfordern, eine Überfrachtung der Stunde mit zu vielen Aktivitäten. Ich empfehle daher Studierenden im Fachpraktikum und ReferendarInnen, zunächst nur einige wenige Methoden schrittweise in sorgfältig reflektierender Vorgehensweise in den Unterricht zu integrieren.

4. These
Alle Methoden lassen sich auch im Deutsch-, Politik-, Kunst- und Religionsunterricht problemlos anwenden (vgl. Janssen 2008, 2013, 2017, 2023). Mit der Ausweitung auf andere Fächer lässt sich die schulische Unterrichtskultur insgesamt positiv beeinflussen. Es entstehen zugleich neue Chancen, Brücken zwischen verschiedenen Fächern zu schlagen, die Teamarbeit im Kollegium zu fördern.

5. These
Allen Kritikern/Kritikerinnen will ich deutlich entgegenhalten, dass das hier vorgetragene Methoden-Repertoire an grundlegenden Zielen der historischen Bildung und zugleich am Selbstverständnis einer demokratischen Erziehung orientiert ist, z. B.: das Interesse an historischen Themen fördern – historisches Wissen vermitteln – die Analyse-Fähigkeit aufbauen – die Bereitschaft und Fähigkeit zur Empathie stärken – die SchülerInnen zur Kritik gegenüber historischen Sachverhalten und Texten befähigen – die Fähigkeit frei sprechen und konzentriert zuhören können – Mut und die Fähigkeit die eigene Meinung argumentativ zu vertreten – eine demokratische Streitkultur zu gestalten – die Erziehung zur Toleranz.

6. These
Wenn in der Tendenz mit weniger Texten, aber zugleich methodisch vielfältig gearbeitet wird, steigen die Chancen für intensive Lehr- und Lernprozesse und einen lebendigen Geschichtsunterricht. Je umfassender es gelingt, den Unterricht auf 90-Minuten-Blöcke umzustellen, desto leichter wäre es, ohne Zeitdruck und Hektik den Geschichtsunterricht nach den Grundsätzen *Methodenvielfalt* und *Bildung braucht Tiefe* zu gestalten.

7. These
Der Kern der pädagogischen Freiheit ist die Methodenfreiheit. Diese kann den Lehrkräften nicht genommen werden. Das Potenzial der methodischen Freiheit könnte wesentlich konsequenter ausgeschöpft werden.

8. These
Wer kreativ lehrt, brennt nicht aus und kann langfristig im Lehrberuf Zufriedenheit finden.

6. LITERATUR

Adorno, Theodor W.: Erziehung zur Mündigkeit, Hg. Gerd Kadelbach. Frankfurt/M. 1970

Aschersleben, Karl: Frontalunterricht – klassisch und modern. Eine Einführung. Neuwied 1999

Burow, Olaf-Axel u. a.: Gestaltpädagogik in der Praxis. Unterrichtsbeispiele und spielerische Übungen für den Schulalltag. Salzburg 1987

Gautschi, Peter: Guter Geschichtsunterricht. Schwalbach/Ts. 2009

Greving, Johannes; Paradies, Liane: Unterrichts-Einstiege. Ein Studien- und Praxisbuch. Berlin 1996

Gugel, Günter: Praxis politischer Bildungsarbeit. Methoden und Arbeitshilfen. Tübingen 1993

Hage, Klaus u. a.: Das Methoden-Repertoire von Lehrern. Eine Untersuchung zum Schulalltag der Sekundarstufe I. Opladen 1985

Hilberg, Raul: Die Vernichtung der europäischen Juden. Die Gesamtgeschichte des Holocaust. Berlin 1982

Janssen, Bernd: Kreative Unterrichtsmethoden. Bausteine zur Methodenvielfalt. Wege zum guten Unterricht, 3. erw. und überarb. Auflage. Braunschweig 2008

Janssen, Bernd, Janssen, Jan, Janssen, Sabine.: Für Menschenrechte – gegen Hass und rechte Gewalt. Unterrichten, erziehen und Schulkultur gestalten. Göttingen 2017

Janssen, Bernd: Kreativer Politikunterricht. 24 aktivierende Methoden für intensives Lehren und Lernen, 7. überarb. und erw. Auflage. Frankfurt/M. 2023

Janssen, Sabine/Janssen, Bernd: Kreativer Deutschunterricht. Aktivierende Methoden für einen lebendigen Fachunterricht, 2. überarb. und erw. Auflage. Schwalbach/Ts. 2013

Klippert, Heinz: Methoden-Training. Bausteine für den Unterricht, 11. Auflage. Weinheim und Basel 2000

Levi, Primo: Ist das ein Mensch? Ein autobiographischer Bericht, 5. Auflage. München 2015

Lévy-Hass, Hanna: Vielleicht war das alles erst der Anfang. Tagebuch aus dem KZ Bergen-Belsen, Hg. Eike Geisel. Berlin 1979

Mattes, Wolfgang: Methoden für den Unterricht. 75 kompakte Übersichten für Lehrende und Lernende. Paderborn 2002

Meyer, Hilbert: Unterrichtsmethoden. 2. Praxisband. Frankfurt/M. 1987

Reitlinger, Gerald: Die Endlösung. Hitlers Versuch der Ausrottung der Juden Europas 1939–1945, 5. Auflage. Berlin 1979

Schneider, Gerhard: Gelungene Einstiege. Voraussetzung für erfolgreiche Geschichtsstunden, 8. Auflage. Frankfurt/M. 2018

Volpert, Sven: Blitzlicht, Standbild, Votum-Ei. Kreative Unterrichtsmethoden in den Klassen 4 bis 6. Braunschweig 2006

Wenzel, Sabine: Kreative und innovative Methoden. Geschichtsunterricht einmal anders, 7. Auflage. Frankfurt/M. 2017

Zick, Andreas u. a.: Gespaltene Mitte – Feindselige Zustände. Rechtsextreme Einstellungen in Deutschland 2016. Bonn 2016

WOCHEN SCHAU VERLAG

... ein Begriff für politische Bildung

KLEINE REIHE

POLITISCHE BILDUNG

Kreativer Politikunterricht

24 aktivierende Methoden für intensives Lehren und Lernen

Der Autor zeigt kreative Methoden auf, um Politikstunden abwechslungsreich und schüleraktivierend zu gestalten, ohne notwendige fachliche Lernziele aus den Augen zu verlieren. Mithilfe von exemplarischen Stundenentwürfen für den Inhaltsbereich „Diskriminierung und Rassismus“ wird die Anwendbarkeit der folgenden Methoden verdeutlicht: Enträtselung einer Quelle, Standbild, Sprechmühle, fiktives Interview, Spinnweb-Analyse, Ich-Texte, Perspektivenwechsel, Phantasiereise, 2-Minuten-Rede, Schreibgespräch, Identifikationskreis, Redekette. Hinzu kommen in der 7. Auflage drei neue Methoden: Gruppenstreitgespräch, Schneeballverfahren und Motorinspektion. Die Vorbereitung und Durchführung dieser Methoden erfordern wenig Zeit, sie können in 45-Minuten-Stunden problemlos eingesetzt werden, verbessern das Lernklima und fördern eine intensive Auseinandersetzung mit politischen Themen.

von Bernd Janssen

Reihe „Kleine Reihe Politische Bildung“

ISBN 978-3-7344-1608-8, 72 S., € 12,90

PDF: ISBN 978-3-7566-1608-4, € 11,99

www.wochenschau-verlag.de

WOCHEN SCHAU VERLAG

... ein Begriff für politische Bildung

KLEINE REIHE

POLITISCHE BILDUNG

von Reinhold Hedtke

Reihe „Kleine Reihe Politische Bildung“

ISBN 978-3-7344-1597-5, 112 S., € 16,90

PDF: ISBN 978-3-7566-1597-1, € 15,99

Konzepte ökonomischer Bildung

Reinhold Hedtke stellt Ansätze ökonomischer Bildung in verständlicher Form vor und liefert fachdidaktische Leitbilder für das Handeln von Lehrkräften. Sein Buch fördert deren professionelles Selbstverständnis und eine innovative Praxis, indem er die Vielfalt der Wirtschaftsdidaktiken erschließt und vergleicht. Durch das systematische Vorgehen bietet Reinhold Hedtke mit diesem Band Orientierung in einem unübersichtlichen Feld, der sich als Einführung in der Lehrkräfteausbildung empfiehlt.

ISBN 978-3-7344-1248-6

ISBN 978-3-7344-1342-1

Alle Titel der Reihe im Webshop - auch als PDF.

www.wochenschau-verlag.de